性格是一個人看不見的本質。

——德・穆迪

性格是命運的主人。

——普・緒儒斯

良好的性格勝過卓越的才智。

——愛迪生

性格改變命運

朱慶文　著

前言

有一則寓言說，一隻青蛙和一隻蠍子同時來到河邊，望著滾滾流水，正思索著如何渡過河去。這時蠍子開口向青蛙說：「青蛙老弟，不如你背著我，而我也可以幫你指引方向，如此就可以到達對岸。」青蛙說：「我才不傻，背你，搞不好毒針亂刺，我隨時一命嗚呼。」蠍子說：「不會不會，在河中如果你溺水，那我不也完了嗎？」青蛙一想有道理，就背著蠍子向對岸游去。在河中央青蛙突然感到身上一陣刺痛，破口大罵蠍子：「你不是承諾不刺我的嗎？爲什麼背叛諾言？」蠍子臉不紅氣不喘毫無悔意地說：「沒有辦法，這是我的本性啊！」

這個本性，就是性格中潛在的一面，它在很大程度上是由性格決定了的，並且在悄悄地決定著人們待人處世及相互關係的同時，也影響著人們的未來命運。

世界著名的西班牙文豪塞萬提斯說：「每個人的命運都是由自己的性格決定的。」

印度有句名諺：「播種性格，收穫命運。」命運並非機遇，而是一種選擇。行動養成習慣，習慣形成性格，性格決定命運。這是我們早已明白的道理。問題是：一個人應該怎樣結合性格中潛在的本性塑造自己的性格，達到成功的彼岸？一個人怎樣選擇群體和上下級，以使自己性格中成功的因素充分發揮作用？

漢初三傑張良、蕭何與韓信，為什麼韓信功勞最大命運卻最慘？武則天為什麼能夠成為中國300多個皇帝中惟一的女性？曹操並不信任的司馬懿，為什麼能夠得到曹丕的充分信任？他們的性格對他們的關係有什麼樣的影響？一個人的性格能夠決定一個人的成功嗎？為什麼有些人天資聰穎卻沒有成功？而有些人庸庸碌碌卻異常有福氣？為什麼有些人天生有領導的素質，而另一些人只能當別人的幕僚？領導才能是先天性格的一部分？還是可以後天培養？

我們經常可以看到，有些人天生地具有不可抗拒的領袖魅力，而另一些人雖孜孜以求卻無任何效果。有些人比其他人更有領導天賦。比如通用電氣的傑克・韋爾奇和微軟公司的比爾・蓋茲，他們一走進某個地方，哪怕他沒站在你背後，你也能感覺到他就站在那兒。

對此，我們應該怎樣做出解釋？

成功者與失敗者各有共同的性格，但這並不是絕對的，有些行業，有些領域的成功者的性格特點，恰恰能夠導致另一個行業或職位的失敗，正像學者的性格與政治家的性格迥然不同，能當好皇帝的人不一定能當好作家。所以，這本書還要找出各個行業的成功者，所具有的不同的特質。以利於我們或改變自己的職業，或塑造自己的性格，增加實現自己的夢想或野心的機會。

星座與性格

牡羊座（3.21～4.20）

媽媽經常叮囑羊羊：「穿裙子時不可以盪鞦韆；不然，會被小男生看到小褲褲！」
有一天，羊羊高興地對媽媽說：「今天我和小明比賽盪鞦韆，我贏了！」
媽媽生氣地說：「不是告訴過你嗎？穿裙子時不要盪鞦韆！」
羊羊驕傲地說：「可是，我在事先就把小褲褲脫掉了！」
（勇敢直率、敢做敢爲的牡羊）

金牛座（4.21～5.20）

賣瓜小販：「快來吃西瓜，不甜不要錢！」
飢渴的牛牛：「哇！太好了，老闆，來個不甜的！」
（持家、想出軌又顧全自己的金牛）

雙子座（5.21～6.21）

媽媽叫雙雙起床：「快點起來！公雞都叫好幾遍了！」

雙雙說：「公雞叫和我有什麼關係？我又不是母雞！」
（自我意識強烈、善於思考的雙子）

巨蟹座（6.22~7.22）

公車上，蟹蟹說：「今晚我要和媽媽睡！」
媽媽問道：「你將來娶了媳婦也和媽媽睡阿？」
蟹蟹不假思索：「嗯！」
媽媽又問：「那你媳婦怎麼辦？」
蟹蟹想了半天，說：「好辦，讓她跟爸爸睡！」
媽媽：「！@＃＄％〈＆＊」
再看爸爸，已經熱淚盈眶啦！
（戀母情結、依戀的巨蟹）

獅子座（7.23~8.22）

獅獅去參加奶奶的壽宴。
到了吃壽桃的時候，獅獅問：「我們為什麼要吃這種像屁股的包子？」
眾人聽了臉色大變。

接著獅獅撥開壽桃，看看裡面的豆沙，說：「奶奶，快看！裡面還有便便呢！」

眾人暈的暈，吐的吐。

（以自我感受、不怕旁人眼光的驕傲的獅子）

處女座（8.23～9.22）

處處對肚臍很好奇，就問爸爸。

爸爸把臍帶連著胎兒與母體的道理簡單地講了一下，說：「嬰兒離開母體之後，醫生把臍帶減斷，並打了一個結，後來就成了肚。」

處處：「那醫生爲什麼不打個蝴蝶結？」

（好奇心強又追求完美的處女）

天秤座（9.23～10.22）

父親對天天說：「今天不要上學了，昨晚……你媽給你生了兩個弟弟。」

天天卻回答：「爸爸，我只說生了一個；另一個，我想留著下星期再說！」

（聰明、權衡利弊的天平）

天蠍座（10.23～11.21）

蠍蠍剛睡著，就叫蚊子叮了一口。
他起來趕蚊子，卻怎麼也趕不出去。
沒法，便指著蚊子說：「好吧，你不出去我出去！」邊說邊出了房間，把門使勁關嚴、得意地：「哼！我今晚不進屋，非把你餓死不可！」
(搞不懂、不按常理出牌的天蠍)

射手座（11.21~12.21）

射射：「爸爸，爲什麼你有那麼多白頭髮？」
爸爸：「因爲你不乖，所以爸爸有好多白頭髮阿。」
射射：（疑惑中）「那爲什麼爺爺全部都是白頭髮？」
爸爸：「！@＃$%〈&＊」
（喜歡思考的射手）

摩羯座（12.22~1.20）

一天，羯羯跟媽媽上街；走在路上，突然下起雨來。
媽媽拉過羯羯的小手，說：「下雨了，快往前跑啊！」
羯羯慢條斯理地問：「那前面就不下雨嘍？」

（明白現實懶得改變的摩羯）

水瓶座（1.21～2.20）

瓶瓶問媽媽：「爲什麼稱蔣伯伯爲『先人』？」

媽媽說：「因爲『先人』是對死去的人的稱呼。」

瓶瓶說：「那去世的奶奶是不是要叫『鮮奶』？」

（天生的另類、腦筋思考永遠和常人不一樣的水瓶）

雙魚座（2.21～3.20）

爸爸給魚魚講小時候經常挨餓的事。

聽完後，魚魚兩眼含淚，十分同情地問：「喔，爸爸，你是因爲天天沒飯吃，才來我們家的呢？」

（富含豐富同情心、不分情況對象的雙魚）

CONTENTS

第三章　好性格，好職業

第四章　好性格，好愛情

第一章

好性格，好人脈

人際交往的基本藝術

沒有溝通，世界將成為一片荒涼的沙漠。人們置身在市場經濟的大潮中，每天都不可避免地與他人交往，每天都有可能遇到社交的難題。正如一位著名的心理學家所言：「一個人成功的因素85%來自社交和處世。交往給人帶來幸福和歡樂，當然也會帶來痛苦與煩惱。」

在實際生活中，相當多的人由於不能和某些人和諧相處而苦惱，這些矛盾發生在上下級、同事間、同學間、夫妻間、親子間、婆媳間。有些人也總在埋怨「別人不好」，殊不知人際關係的鑰匙就在你自己手中。

1. 人際交往的原則

每個人都渴望擁有一個美好的人際關係世界，建立一個良好的人際氛圍，獲得更多的朋友，並與他們永遠保持真摯的友誼。然而，人與人之間的關係紛繁複雜，不是每個人都能實現自己的夢想。心理學家認爲，交往中只要能夠遵循一些原則，就可以更好地贏得朋友，保持友好的聯繫，避免人際交往的失敗與不幸。

（一）交互原則

人之所以不同於動物，就在於人有著錯綜複雜但卻缺少不得的社會關係。在日常生活中，人們普遍地存在著一種尋求自我價值感與情緒安全感的傾向，希望別人承認自己的價值，並表現出支持、接納和喜歡。在別人承認的過程中，自己的價值得到了體現。但對自我的過分關注，往往忽略了交往對方的感覺和心情，這恰恰是我們遭遇人際交往困難和障礙的主要原因。

社會心理學家通過大量的實驗研究發現，只有建立在相互重視和相互支持基礎上的人際關係，才是可靠和持久的。通常別人對我們的喜歡是有前提的，那就是他們感到自己也被我們所喜歡，並且承認他們的價值。同樣，對於眞心接納、喜歡我們的人，我們也願意與之交往並維持良好的關係。

「愛人者，人恒愛之；敬人者，人恒敬之。」所以，在人際交往、人際關係的建立和保持中，必須首先遵循交互原則。主動地接近、熱情地接納別人，可以讓你獲得意想不到的「好人緣」。

（二）開放原則

隨著社會與時代的發展，人們的交往方式也應該順應潮流，由封閉型向開放型轉變，打破以往的定勢與形成的刻板效應。俗話說：「士別三日，當刮目相看。」青年人更要學會用發展的眼光來看人，不要依靠自己的好惡、經驗和感受來評判是非，妄加取捨，以影響正常的人際交往。

此外，隨著資訊時代的到來，人們的交往不再受地域的限制，通過信件、電話、網路，人們可以自如地擴大自己的交往範圍，樹立開放的觀念，拋棄「老眼光」和「畫地為牢」的舊思維。

（三）真誠原則

眞誠是人與人之間順利溝通的橋樑，只有以心換心，以誠相待，才能彼此理解和信任，進而結下深厚的友誼。如果「用得著朝前，用不著朝後」，對有利可圖的朋友感情投資，對自己無用的舊朋友則棄之如敝屣；或抱著「投桃報李」的庸俗互酬心理，一旦對方沒有給予期望中的回報，就翻臉不認人；或期望別人眞誠對己，自己卻不願向對方袒露心扉，一味地遮遮掩掩、虛情假意、逢場作戲，那麼就絕不可能獲得眞正的友誼。

而健康良好的人際交往須以眞誠作為前提，眞心幫助他人而不圖回報，對不同觀點直陳己見而不口是心非，對朋友的缺點、不足能當面委婉提出，而不背後諷刺攻擊，切記只有眞誠，才能得到知己。

（四）寬容原則

學會寬容，會使人們明智地看待與對待人際交往中的誤解和衝突，保持健康心態。待人寬容，能夠擴大人際交往的空間，有助於消除人際間的緊張。衆所皆知，現實中的人們因其出身、經歷和教育背景的不同，形成了千差萬別的性格與行爲。

在人際交往中，你可能會遇到形形色色的人，只有儘量包容，正視差異，淡化矛盾，才能夠遊刃有餘。寬容是心胸寬闊、坦蕩、成熟的表現，古人云「仁者無敵」，寬容能使人性情和藹，能化干戈爲玉帛。如果事事斤斤計較，得理不饒人，只能使自己日益被周圍人嫌棄、孤立。當然，寬容不是毫無原則，不辨是非，也不是軟弱，而是一種理解與愛心的表現。

（五）尊重原則

社會中的人們，雖然在性格、能力、氣質、個性傾向性方面不盡相同，並會因爲社會分工不同而具有不同的社會身分、地位，但每個人在人格上都是平等的，都有著自己的人格尊嚴，並期望在各種場合中得到尊重。

所以，良好和成功的人際交往必須建立在尊重的基礎上，只有尊重別人，才能夠引發對方的信任與忠誠，縮短相互間的心理距離。正如荀子所言：「與人善言，暖若錦帛；與人惡言，深於矛戟。」

一個不懂得尊重別人的人，或無端損害他人的利益，或過分遷怒與指責對方，都只能導致人際關係日益緊張惡化，並可能引發衝突。除了尊重他人之外，尊重的原則中還包含自尊，即尊重自己。過分的自大或自卑都不利於人際交往的成功。

2. 影響人際交往的因素

人際關係系統是由多種成分組成的，其中最主要的影響因素是：

（一）相互認同

相互了解，要做到這點非常不易。人與人之間心理距離的遠近，往往隨著彼此相互認同的變化而變化。因此，應當從自身做起，克服「以偏概全」、「固執己見」、「自命清高」等錯誤觀念，全面客觀地認識事物，了解彼此的權利和責任，正視差異，設法溝通。

（二）情感相容

凡是能驅使人們接近、合作、聯繫的情感稱爲結合性情感。結合性情感越多，彼此之間越相容。當別人做出一點成績而興高采烈時，感情相容的人也會由衷地爲朋友的成績而高興。

（三）行為近似

言談舉止、交往動作、角色地位、儀表風度等人際行爲模式越相應近似，越易產生和諧的人際關係。

3. 人際交往的技巧

（一）以誠相交

要讓別人喜歡自己，首先要對別人感興趣。可以設想，對別人不感興趣的人，誰會對你感興趣呢？

（二）學會「聽話」

要與他人處好關係，耐心地傾聽他人的講話是十分必要的。一個13歲的荷蘭移民小男孩，成了世界「第一等名人訪問者」，原來他買了一套「美國名人傳說大全」，他給這些名人寫信，請他們談談自己成爲名人有趣的事情，於是他收到了許多名人的信。他深深懂得「一些大人物喜歡善聽者勝於善談者」。

（三）學會說話

要善於表達自己的情感與想法；注意在不同場合講話的分寸；不講不該說的話；在講話中注意幽默感則能增加人際吸引，克服尷尬場面；在談話中，注意談起對方感興趣的事情，和最爲珍視的東西，使之高興，你也不難與之接近了。

（四）拋棄嫉妒心

嫉妒別人，實際上是企圖剝奪別人已經得到的物質和精神的需要，這種心理極易引起別人反感。同時要克服猜疑、苛求、孤獨、自卑與自滿等不良心理狀態。

（五）慎交友，交益友

並非人人都想交朋友，也並非人人都能成爲你的朋友。要選擇交友，在人際交往中，完善自我，尋找快樂，擺脫憂愁，有益於身心健康。

4. 人際交往的吸引力

在人與人之間，有的一見如故，有的「雞犬之聲相聞，老死不相往來」，這中間有個吸引力的程度強弱問題。造成人際吸引的原因有以下幾種因素：

（一）長相因素

眞正的人生成功者首先要有良好的氣質，這是一種視覺上的標識。這種氣質並非就是說男性英俊瀟灑，女性美麗動人。你的外表不一定很好看，但是具有成功氣質的人，無論做什麼或者說什麼，往往能夠吸引別人的注意。

現實生活中，每個人都可能有這樣的經驗，在某次宴會上，某個人外貌儘管不是很出色，可是不管他站在哪裡，身邊總是吸引著一堆人圍繞著他。

一位長相極其普通的中年男子，甚至他的長相不怎麼討人喜歡，他身體偏胖，且頭頂微禿，但他從來不認爲自己魅力欠佳，相反他認爲自己有一種獨特的吸引力，能夠讓所有與他交往過的人，留下深刻的印象。或許正是因爲他這樣想，他好像眞的有了一種特殊的親和力和吸引力，他的言談舉止確實給每一個與他生意上有過往來的人，留下了深刻的印象。大家都覺得他爲人熱情，有自信，是個生意場上值得信賴的人。他的成功就在於他首先有了一個成功的自我形象。

但是本身外貌就長得出色的人，在人際交往上有著先天的優勢，因爲他們更能輕易地吸引住別人的注意。人們總是傾向於喜歡長相有魅力的人，甚至連成人也是更喜歡長相好看的兒童。人們會自然覺得長相漂亮的人更可愛。但如果不懂得自我經營，不善於發現和利用自己的長處，那麼出色的外表對周圍的人也會失去吸引力。

公司裡一個年輕的女同事，身材姣好，相貌出衆，但是她自己從來沒有意識到這一點。她總是表情木然地從人們的身邊走過，從不主動跟別人打招呼。最讓人不可理解的是，她還有著嚴重的自卑感，認爲自己有著許多的缺點，所以有時她都不敢正眼看人。這樣時間一長，周圍的人對她的外貌已經沒有多大的反應了，而且也認爲她有著很多的缺點。但是如果她有一個成功的自我形象的話，那麼她有可能被周圍的人視爲一個極具魅力的美佳人。

（二）能力因素

人們都比較喜歡聰明能幹的人，覺得與能力強的人結交是一種幸福並感到自豪。爲此，不少人願意與有某種特殊才能的人結爲良師益友。能力強的人之所以能吸引別人，就在於他們能完成常人無法完成的事情，能忍受常人無法忍受的痛苦，在他們的身上，有著人自身最寶貴的個性和不怕困難的拼搏精神。

一九六〇年，羅馬夏季奧運會上，一位美國選手給人留下了深刻的印象，她一連奪得100米、200米及400米接力賽三枚金牌，在世界田徑史上永遠留下了自己的名字。她就是威爾瑪。但她的人格魅力比起她的體育成績來，更能讓人感動和驚歎。威爾瑪幼年曾患肺炎，小兒麻痹又使得她的左腿變得彎曲，腳步內彎，她的幼年都是伴隨著矯正器過日子的。艱難的六年努力使她終於拿掉了矯正器，隨後通過自己的努力積極參加體育鍛鍊，到最後在奧運會上拿下了三枚金牌。對於她來說，這樣的成功需要付出多少汗水呀！她身上超乎尋常的意志力使我們震撼，這種超強的能力折射出的迷人光輝，不能不令人心嚮往之。

（三）相近因素

鄰近性不僅指居住上的接近，還包括在一些學習和工作場合上的接近，如同桌同學、同辦公室、同車間的同事，等等，較易結成親密的人際關係。因爲生活空間的鄰近，便於了解。俗話說「遠親不如近鄰」，在突然的災難和巨大的困難來臨時，最先在你身邊幫助你的人，是你的鄰居、同事。

現代生活，隨著人們工作、學習等一切外在的因素，與他人的交往面擴大的趨勢，自己眞正的家庭生活，卻陷進了一個孤立的環境裡。人們不再與自己的鄰居談天說地，更不會去鄰居家串門聊天，很多人可能永遠沒有興趣去知道自己鄰居的名字和職業。曾經有一幅漫畫：鄰居兩個，緊鎖著彼此的大門，但卻在網路上熱烈地聊天。他們都需要交流，但卻因爲各種各樣的因素，不願考慮自己周圍的人，而寧願相信網際網路另一端的陌生人。

（四）相似因素

人們傾向於喜歡在某方面或多方面與自己相似的人。「物以類聚，人以群分」，它言簡意賅地表明了人際吸引中的相似性的作用。相似因素包括民族、年齡、學歷、社會地位、職業、興趣、觀點、修養等方面。相似的人更容易找到交流的共同平臺，無論是去做什麼事，或者談論什麼問題，他們總能找到一致點。任何兩個人開始交往，都是從雙方擁有共同點開始的，正是因爲這種共同點，雙方就很自然地成了朋友。

這種情況在日常生活中經常看見，比如男性有自己的棋友、球友，甚至酒友、侃友，等等；而女性有自己購物時的搭擋，也有自己一起做美容的朋友，不管是什麼種類的朋友，他們都是對某件事或者某項體育活動有著相似觀點的人。

（五）相補因素

在人際關係中，人們往往還重視雖與自己不同，但能與自己互補的朋友。因爲彼此可以取長補短、各得其所。性格不同的人，在交往中可能彼此吸引，因爲根據人有追求完美性的趨勢，他們更加清楚地知道自己的短處和長處，所以在交往中，會注意到與自己不同的人。

相補因素在婚姻關係上更爲突出，膽汁質的人很可能與抑鬱質的人互補；性格恬靜的人，很可能與活潑好動的人互相吸引。而性格互補型的婚姻更堅固。一個性格暴躁的丈夫與一個同樣性格暴躁的妻子，他們的婚姻可想而知，必然天天吵吵鬧鬧。相反一個性格暴躁的丈夫，和一個性格溫和的妻子在一起，吵鬧幾乎沒有，因爲溫和的妻子總能在丈夫心情不好時，溫柔地相勸或者默默地躲開，這樣的環境，丈夫即使生氣也持續不了多長的時間。

不同的性格不同的交往表現

人際交往雖說存在一定的技巧，但最擅長交際的人都做不到「不得罪任何一個人」。很多人認爲人際交往能力與性格有關，外向者善於交際，內向者不善於交際。這樣的說法雖然有欠周密，比如性格內向者也有許多好朋友，性格外向者沒有知心朋友這樣的例子，在現實生活中也不在少數。但是性格的確是影響人際交往最關鍵的因素。通常情況下，性格外向的人比性格內向的人勇於交際，善解人意的人比霸道無理的人更容易交到朋友。

1. 性格熱忱的人：最佳夥伴

性格熱忱的人不論從事哪種職業，只要充分發揮其性格，便能得到肯定與讚賞。這種性格的人最適合具有挑戰性的職業，工作積極又有效率，是典型先鋒性格。富創意、喜愛看到事情的光明面是他們的優點，並且是活在掌聲下的人，喜歡受他人肯定。這種人還體貼他人的難處、讓他人在工作上更有衝勁，所以有著很好的人緣。不論是上司、同事還是朋友，一旦了解他們，都會被他們的熱情所打動，願意成爲他們的朋友。

但是性格熱忱的人由於自主性過高、喜愛表現自己，故容易和別人在合作上產生衝突，不利於建立良好的人際關係。這種類型的人，不論是在工作、學習和娛樂中，參與感、掌聲與讚美，都是他們不可或缺的原動力。

2. 性格細膩的人：潛在競爭對手

性格細膩的人很重視團體合作，不喜歡搶風頭，這是他們的優點。因此他們通常都有著很好的同事關係。在同事的眼中，他們是溫和和善良的，不會耍計謀陷害人，因此同事都願意與他們相處，並且很容易把他們當作自己的知心朋友。但他們有時那慢工出細活的行事作風，不免讓性急的同事看不過去，但不會引起同事的厭惡。

個性溫和的他們常扮演著沉默的角色，沒有太多意見及野心，任勞任怨的個性常得到上司的賞識，是一個潛在的競爭對手。溫和的他們也不是宰相肚裡能撐船的人，細膩性格使得他們對傷害過自己的人，往往不能原諒。這種性格的人，不但勤儉也很能爲老闆精打細算，有著精細的省錢之道。

3. 性格活潑的人：博而不精

性格活潑的人重視整體人際關係，很快便能適應新環境並結交新朋友；辦事很有效率，再加上聰明及危機處理的應變能力，所以很討上司喜歡。這種類型的人天生好奇，對所有的人、事、物都抱有很大的興趣，喜歡學習各種新東西，對於新上手的工作，也能很快掌握，在公司裡扮演通天角色。

他們活潑的性格也使得他們經常是聚會和晚會上的靈魂人物，總能夠吸引大家的注意。因此周圍的同事或許會嫉妒，而與他們疏遠，但他們活潑、不記仇甚至黏人的性格又會使得別人不好意思與他們生氣，自然他們的人緣也不差了。

4. 性格謹慎的人：心思捉摸不定

性格謹慎的人對工作有高度的穩定性，善於察言觀色、盡忠職守、生存力強、懂得上司與同事間的應變進退，並且善於營造和諧氣氛，與同事合作性強，是容易相處的同事，又是否易得到上司讚賞的忠臣下屬。

這種性格的人在人際交往中，是很受歡迎的，因爲他們既不愛出風頭，又不會給人難堪，總是小心翼翼，讓周圍的人感覺沒有殺傷力。並且他們說話總是頭頭是道，讓你不由得不佩服他們的說服力。

但是謹慎性格的人，由於不喜歡表露自己的眞正情感，他們好像戴著一副假面具，捉摸不定讓人心生卻步，雖然並不會與人正面衝突，但是周圍的人也不願與他們有過多的交往，所以這種性格的人不容易交到知心朋友。

5. 性格急躁的人：重量不重質

這種性格的人天生擁有樂觀與幽默感，人際魅力光芒四射，加上要面子，常請大家吃飯，所以在交往中也是很吸引人的。不過這種風風火火的個性與謹慎性格的人一樣，他們也不容易交到知心好友。

急躁性格的人通常都有著一種很強的氣勢，這讓他們看起來具有領導者的風範特質。他們在工作中也並非是一位有野心的人，但是他們與同事合作起來衝勁十足、很有效率，並且在工作中會主動分擔別人的煩惱，主動學習別人的長處，所以很討同事喜歡，有著良好的人際關係。

6. 性格冷靜的人：零缺點原則

性格冷靜的人，做起事來一板一眼，均小心翼翼，工作對他們而言是樂趣及成就感的來源，他們行事井然有序得令人佩服，但有時卻又少了點變通的彈性，給人個性內向、拘謹的感覺。通常這種性格的人不懂得表達自己的個性，讓人有不易相處的印象。加上要求又特別多，令人無所適從。所以在周圍的人看來，他們是嚴格和沒有幽默感的，所以大家不願與他們有過多的相處。

其實一旦與他們深交，就會發現他們的內心十分單純，而且也很善於交談。這種性格的人交往中的最大障礙是不善於表達自我，不懂得讓別人對自我有更多的了解。

7. 性格好交際的人：公關小姐

這種類型的人有極佳的公關手腕，所到之處都能很快與人打成一片，主動是其人際關係的第一步，在諸多性格中可說是獨佔鰲頭，好交際的性格更能博得上司的好印象與賞識。

在社交場所中，這種人左右逢源，如魚得水，通常都是焦點人物。但是他們喜歡輕鬆節奏、舒適生活、害怕過度出賣勞動力的工作，故常常做事缺乏計畫、想的比做的多，散漫、金錢觀淡薄、企圖心不強，而且又是「遲到一族」，這些均是造成他們晉升的絆腳石，也是讓人不喜歡他們的理由。

8. 性格沉穩的人：情報局幹員

穩定、內斂、不多言是性格沉穩的人給人的第一印象，但他們有著對人、事、物敏銳的觀察力，緘默時的他們正處於「打量評估期」，所以這種性格的人，總能很清楚地對周圍的情況做出準確的判斷，在任何事情上，都像旁觀者一樣的冷靜和客觀。

這樣的性格使得他們對周圍的人總能提供一些客觀有效的建議，因此在他們身邊，總是有一群追隨者。他們對工作有著自發性的精神，並能承受很大的壓力，挑戰高難度且完全投入做事的積極與面面俱到、果斷令上司極爲讚賞。有著情報局幹員的本能與精神，能輕易打探各方線索、內幕消息、公司百態，等等。這種性格的人在哪裡都是很有能力的人，他們天生就是讓別人傾慕的。所以他們的人際關係很廣，並且很值得信賴。

9. 性格浪漫的人：沒耐心毅力

性格浪漫的人欠缺耐心，一成不變的工作態度可能會抹殺他們的創意細胞。生性愛熱鬧、熱心、慷慨不計較金錢，以及隨和的個性，使他們的人緣不俗，感覺敏銳且洞察力強，常以開玩笑方式說出對事情的見解，不容易感到像謹慎性格的人一樣具有心機，反倒讓人覺得平易近人、容易相處。做事勇於突破傳統、有魄力，但一遇到挫折會很快打退堂鼓，缺乏愚公移山的恒心與毅力。

10. 性格固執的人：永遠不會錯

性格固執的人是盡忠職守把分內工作做好的人。他們在專長與技術領域中不斷求進步，沒有一步登天的投機心理，持有「一分耕耘、一分收穫」的態度。具有主見及領導能力，對事物有相當大的野心，是標準的工作狂熱分子，在諸多性格中，躍居「最負責任感」之冠；而堅忍不屈的毅力是其成功之處。可是他們優柔寡斷、固執己見的缺點可在其知錯不改、明知故犯中一覽無遺。

這種性格的人很難接受別人的意見，除非別人比他們優秀。這樣的性格特徵使得他們的人緣很差，因爲他們總是讓周圍的人很難堪，並且錯了也永遠不會道歉。因此他們的人際關係很糟糕，但他們的朋友都是眞正理解和關心他們的摯友。

11. 性格脆弱的人：害怕失敗

性格脆弱的人有著過人的智慧，工作上能獨創見解，於計畫及設計的工作中，能完整、高效益地分析與策劃，對自己有高度的自信與優越感，卻又非高傲冷酷得令人討厭，但是他們脆弱的性格常常能引發別人的同情心，反而人緣相當不錯。冷靜、理性、客觀、實踐力強是他們成功的關鍵，但卻缺乏堅持的能耐，常一碰到挫折就會輕易放棄，最害怕別人看到自己的失敗，在他們心中只有「我」永遠是最好的。

12. 性格機警的人：明哲保身

察言觀色是這種人的優點，明哲保身是其處世態度，他們永遠不會主動參與與自己利益有可能衝突的事情，在他們眼中，只有自己是最可寶貴的。這樣的人從來也不會得罪別人，甚至對每一個人，他們都一味褒揚和鼓勵，所以他們的人緣極好，並且別人對他們的評價也很高。但他們在工作上卻缺乏積極主動的個性，散漫的天性偶爾需要壓力的鞭策，但空間式的思考模式，很適合於計劃性的工作，思考周密，甚至將天馬行空的想像力加諸計畫中，使計畫內容添加不少創意。

影響人際交往的不良性格

老師給學生們講心理輔導課時，提得最多的問題是如何處理好人際關係，例如：「和不同性格的人交往應該注意什麼？」、「怎樣才能融洽地融入群體，不得罪任何一個人？」、「時常感到孤獨，如何改善人際關係？」

這些問題既反映了即將踏入社會的青年人希望有一個良好的人際關係的純樸願望，同時也暴露出他們對人際交往過高的期望，和實際的交際能力之間存在著強烈的反差。熱情開朗、愛說愛笑的人，就一定能有著良好的人際關係嗎？相反，那些工作勤懇，不善於表達自我的人是不是就一定沒有良好的社交能力呢？到底在社交場所中什麼才是影響一個人交際能力的關鍵因素呢？通過觀察和分析，我們發現眞正影響我們人際交往的是以下一些存在於各種性格中的不良因素。

1. 以自我爲中心

一切都要服從自己的意志，只關心個人的需要，強調自己的感受。任何場合都把自己作爲中心，高興時海闊天空、手舞足蹈講個痛快，不高興時則不分場合地亂發脾氣，全然不顧及別人的情緒和感受。這樣的性格缺陷是不可能讓人喜歡的，這樣的人也一定就不會有良好的人際關係。

2. 狹隘嫉妒，不能容忍別人比自己強

嫉妒是對別人的成就感到不快的一種心理感受。不管你承認不承認，每個人或多或

少，都存在這樣的心理。不同的是有的人因嫉妒而積極進取，鞭策自己迎頭趕上。而有的人卻因為嫉妒，對自己感到消極悲觀，失落逃避；對別人則是忌恨仇視，詆毀中傷。這就是狹隘的嫉妒心理。

正如黑格爾所說：「有嫉妒心的人自己不能完成偉大事業，便儘量去低估他人的偉大，貶低他人的偉大性使之與他本人相齊。」這樣的人只能讓別人討厭，敬而遠之。

兩個同時到一個公司上班的ＯＬ，一個性格溫和，長相普通；而另外一個漂亮迷人，熱情活潑。剛開始時，大家的目光都圍著漂亮的ＯＬ轉，人們好像忘了還有另外一個。但漂亮的女孩心胸狹隘，她從不為別人的成就感到高興，反而經常出言不遜，在她眼裡，別人的成就都是運氣而已。而性格溫和的女孩，總是在別人困難的時候，無私地幫助別人，在別人成功時，又送上自己的祝福。這樣時間一長，周圍的人當然願意與這個溫和的女孩親近，而不願與漂亮的女孩交朋友。不懂得尊重別人成就的人，其實也不值得別人的尊重。

3. 敏感多疑

一個敏感多疑的人，在人際交往中總是——「以己之心，度他人之腹。」

這種人常常會根據自己有某種不好的想法，而認定他人也會有著同樣的想法。他們總是先在主觀上設定他人對自己不滿，然後在生活中尋找證據。把無中生有的事實強加於人，甚至把別人的善意曲解爲惡意。

4. 過分自卑

適當的謙卑，給人以謙虛的感覺，有其積極的一面。但過分的自卑不僅有損於自信，還給人以虛僞的印象。自卑者常常感到自己不如別人，總是擔心別人看不起自己。實際上，首先是他們自己看不起自己，瞧不起自己的性格，瞧不起自己的家庭。

5. 干擾他人

像需要一個生活空間一樣，我們也需要有一個不受侵犯的個人心理空間。再親密的朋友，也有個人的內心隱祕，有一個不願向他人袒露的內心世界。有的人在相處中，偏偏喜歡詢問、打聽、傳播他人的私事。這種人熱中於探聽別人的隱私，並不一定有什麼實際目的，僅僅是以刺探別人隱私而沾沾自喜的低層次的心理滿足而已，但在客觀上卻已干擾了別人的生活。

6. 膽小羞怯

膽小羞怯是絕大多數人都或多或少存在的一種心理。

這種心理使人在交際場所或大庭廣衆之下，羞於啓齒或害怕見人。說話結結巴巴，行動手足失措。一般的人際交往並不需要多少技能，膽小害羞者總是以爲自己人際交往能力很差，但實際情況並非如此，他們完全知道應該怎樣與人交往，只是缺乏實際的人際交往鍛鍊，只要他們不逃避，勇於實踐就一定能克服膽小害羞的心理。

另一方面，那些膽小害羞者常常過分嚴重地看待自己的弱點，過分追求完美和過分自卑，是他們的基本心理特徵。

7. 敵視和仇恨

敵視和仇恨是交際中比較嚴重的有害因素。

這種人總是以仇視的目光對待別人。這種心理或許來自童年時期的家庭環境，由於受到虐待從而使他產生別人仇視我，我仇視一切人的心理。對不如自己的人以不寬容表示敵視；對比自己厲害的人用敢怒不敢言的方式表示敵視；對處境與己類似的人則用攻擊、中傷的方式表示敵視。使周圍的人隨時有遭受其傷害的危險，而不願與之往來。敵視和仇恨是一把雙刃劍，它使自己受的傷害比別人要大得多。

8. 斤斤計較，過於吝嗇

這種人過於刻板認眞，精於算計，害怕吃虧。有時他們主觀上並不想占別人的便宜，但客觀上他們的記憶好像具有選擇性，總是把自己對別人的好處牢牢記在心裡，而把別人對自己的幫助置諸腦後，但絕不允許別人占他們的便宜。這樣的人給人的印象是自私、吝嗇，難以深交。

9. 情緒不穩，缺乏自控

每個人都會遇到一些不順心的事，大多數人都能比較好地控制自己的情緒，一般不會有太大的波動。但有的人情緒波動很大，缺乏自控能力，剛才還是晴空萬里，一會兒就烏雲密佈，說翻臉，就翻臉，並且一發脾氣就失去理智，惡語傷人，甚至打人毀物。這樣的人很難與別人建立穩定的人際關係。

10. 喜歡抱怨，不負責任

這種人總以爲自己比別人聰明，成天抱怨別人這沒做好，那沒做好，喜歡扮演事後諸葛亮的角色。對什麼事都喜歡指手畫腳，但從來不願意負責任。如果別人把事情做好了，他就會出來自我吹噓一番；要是別人按他的主意把事情做壞了，他們就趕緊逃跑，溜之大吉。這種人很能與人交往，但很難贏得別人的尊重。

11. 謊話連篇，缺乏誠信

謊言是人際交往之大忌，缺乏誠信的人永遠不會有知心朋友。誠信既是一個道德問題，也是一個心理問題。俗話說：一句謊言需要十句謊言來掩飾。謊話說得越多，需要掩飾的東西也越多，心理壓力也越大。

與西方強調個性發展的文化相比，我們的文化更加注重集體的利益，人際關係問題顯得尤爲重要。因此有些人熱中於學習所謂的社交技巧，以爲只要掌握足夠多的技巧，就可以不得罪任何人。其實，在現實生活中要想建立起良好的人際關係，眞誠、寬容和友愛，比所有的社交技巧都重要得多，這是最高境界的社交技巧。

怎樣與不同性格的上司交往

不同的上司在工作中總是表現出不同的個性和特質，他們各有各的領導方法和相處之道。對於剛剛步入社會的年輕人來說，怎麼才能「知己知彼」是他們人生舞臺應該掌握的關鍵內容，也是他們開始自己職場生涯的第一步。

1. 怎樣與優柔寡斷的上司相處

優柔寡斷的上司做事囉嗦，並且喜歡改變自己的主意；他們對可能出現的任何情況都要反覆地考慮，凡事都力求小心、避免想出現任何的差錯，而一旦出現了問題，又不願承擔責任。這樣的上司處理問題過於拘謹，不夠果斷，工作上也很少有創新的地方，自然他們的工作業績平平常常。

這樣的上司不能抓住有利的時機，當然也難有讓人刮目相看的成就。古代的例子有項羽，他錯過了人生中最好的機遇，沒有在鴻門宴上殺掉劉邦，這是他一生中最愚蠢的決定，致使他最後只得拔劍自刎。與他同時代的韓信，也是個優柔寡斷的人，他同樣在自己最有利的時候，沒有做出正確的決定，而最後，他也死在了劉邦的手中。這樣的領導人永遠不能成就偉業，只能屈居人下，或者毀滅。

在這樣的上司手下工作，我們不能直接表達自己的意願，但是我們需要完成自己的任務，還要讓上司滿意。對待這樣的上司最主要的就是推動他做出及時的決定，在時機還沒溜走之前就做出決定。另外，還要讓上司認為這樣的決定是他自己做出的，沒有別人強迫自己。

小劉是個能力很強、也很懂得與上司相處之道的人。一次，公司要派遣合適的人到另外的城市拓展新的業務。小劉很想去，但是上司正是個優柔寡斷的人，遲遲不做出委派。他最後決定親自去做說服上司的工作。見到上司之後，他沒有急著表明自己的看法，只是幫助上司分析此時到別的城市開展業務，時間是很寶貴的，如果錯失了這個機遇，不但公司要承受損失，而且以後再開展這樣的業務就不容易了。於是上司也有點著急了，就問他應該派遣誰去。小劉認真地說：這麼重要的事情，上司當然應該自己親自去，別人恐怕完不成任務，再說，公司裡的人肯定也願意讓有能力的上司去。這時上司顯得很高興。第二天，上司就宣布了去拓展業務的名單，是小劉。小劉準確地把握住了上司的心思，所以成功地達到了目的。

2. 怎樣與冷靜的上司相處

冷靜的上司說話不多，舉止安順，他們不會把自己的想法都顯露在臉上。這樣的上司總是讓人把握不住眞實的想法，他們任何時候都始終保持常態。

如果你的領導是這種類型的人，那麼任何時候，對於工作計畫，你都不要自作主張，即使出謀劃策，也要在領導授權的情況下。對於這樣的領導，你大多時候只要認眞地執行他的決策就可以了，但是在執行的過程中，一定要有詳細的紀錄，切不可疏忽大意，因爲，任何時候這樣的領導都可能突然檢查你的工作情況。在執行的過程中，如果遇到了困難，或者難以抉擇的事情，你應該自己先想解決的辦法，因爲如果你心中沒有任何計畫，就向這種領導彙報，他們會認爲你準備不夠，缺乏自主解決問題的能力。

同時他們也會認爲你遇事不夠冷靜，做事不夠果斷。他們大多喜歡遇事冷靜，能自主解決問題的下屬。當然你即使可以自己解決，也不要忘記在合適的時間向他們彙報，如果你沒有向他們彙報，他們就又會認爲你做事太專斷，不重視他們。這樣的領導是不太容易相處的領導。

大林是一家科技公司的職員，他的領導就是一個冷靜的人。有一次，領導吩咐他做一項與別的公司合作的業務。開始一切都很順利，但是突然與他們合作的公司又提出了一些細節性的要求，當時大林的領導正好不在現場，大林考慮到這些要求不會影響整個業務，況且如果這時停下工作，很可能會影響整個專案的進程。於是他先同意了對方的這些要求。事後，他認爲這件事情不是很重要，就沒有及時向自己的領導彙報。後來，他發現自己的這位領導沒有以前那樣重視他了，有什麼專案也不再讓他承擔，開始他迷惑不解，後來他才明白了其中的原委，就是這一次的自作主張壞了事。所以與這樣的領導相處，一定不要粗心大意，因爲他們是很嚴格、很細膩的人，一不小心，你就可能讓他們對你有誤解，而自己卻不知道。

3. 怎樣與脾氣暴躁的上司相處

俗話說，沒有沒脾氣的上司。凡是領導，總是有點脾氣的。一個容易發火的上司，可能是對自己的事業十分重視，甚至已經到了爲自己製造了很大壓力的地步，但是他們對自己的下屬總是不太放心，認爲自己的下屬無論怎樣都不能達到自己要求的結果，但是情況是，上司自己不能任何事都親自出馬，這樣就形成了矛盾的局面。

這種脾氣暴躁的上司對自己的下屬總是咆哮或者大聲地斥責，但實際上，他們並不是對自己的下屬有什麼惡意，更不是覺得下屬個個都很沒用，他們只是認爲如果自己大聲地把自己的要求說出來，下屬有可能會更明白一點，更能把握自己的意思，更好地完成自己交代的事情。

很多職員認爲這樣脾氣暴躁的上司不好相處，不可理喻，所以總是在他們面前小心翼翼，但是這樣反而更讓自己的上司生氣，令自己的地位更加尷尬。其實職員只要明白，脾氣暴躁的上司不是對你有意見，也不是對你的一切都不滿意，只是擔心工作不能如期妥善完成，而且由於一時的擔心而失去心理平衡，才向自己的下屬發火。只要明白這樣的關鍵點，那麼你在處理與這樣上司的關係時，自己心裡就有了一定的準備，再處理與上司關係時，就會覺得十分輕鬆自然了。

與這樣的上司相處，你首先要懂得察言觀色。當發現今天情況不妙，上司的臉色不太好看，有可能是暴雨將至之時，這時如果你正好應該去跟上司彙報工作，或是請示事情，那麼你只要學會控制住自己就行了。此時你面對的是易燃物品，只要沒有火源，它就不可能燃燒。所以你凡事不要頂撞，要認眞、迅速地完成上司交代的任務，在與他講話時，也不要太嗆，不妨順著領導的意思行事。要想避免上司發脾氣的情況就一定要努力避免掉這種情況。

其次，如果實在避免不了，上司已經開始罵人了，那你就忍著吧，千萬不要對著幹，那樣只能火上澆油，讓火勢越燃越烈。最後，也是最關鍵的，當上司發火有了一定時間後，你就要適時說話，給上司鋪一個臺階讓他走下來，他生氣也累了，你要「曉之以理，動之以情」，讓上司知道自己的脾氣不利於與下屬們開展工作，請上司儘量克制一下自己的火爆脾氣。

熟悉《簡・愛》這部名著的人可能都記得，簡・愛開始認識她的終身伴侶羅徹斯特時，她的身分只是一個受僱的家庭教師，但是對於自己的老闆，簡・愛從來都是冷靜地講道理，最終說服脾氣暴躁的老闆的。她第一次與羅徹斯特先生見面時，對方的心情很糟糕，因此說話很粗暴尖刻，他說：「誰說的禮物？你盼望過禮物嗎？你喜歡禮物嗎？愛小姐？」簡・愛冷靜地回答：「我對禮物沒有經驗，先生。人們一般認爲禮物是個可愛的東西。」羅徹斯特認爲她在裝腔作勢，更生氣了，說話也更加刻薄了，「別拐彎抹角了，愛小姐。你不如你的學生坦率，她要禮物可不像你。」簡・愛繼續說：「因爲我不像她那樣自信自己配得到禮物，從熟識這個角度，她有權提出要求，從習慣這個角度，她能夠向你開口，因爲她說你習慣送禮物給她。而我只是一個陌生人，又沒有什麼使我有資格要求禮物。」這一番柔中帶剛、又很有道理的話，說得她的雇主心服口服。

4. 怎樣與「雞蛋裡挑骨頭」的上司相處

對於這樣的上司，你很可能極度厭煩，因爲他們時時刻刻在挑你的毛病，你做的任何事情，在他們眼裡，都是有缺陷的。無論你說什麼話，有著怎樣的作爲，在他們那裡都是不可取的。這樣的上司猶如惡魔，天天出現在你的夢裡，讓你每時每刻都處在水深火熱裡，工作時即使是小心翼翼，也恐怕觸了楣頭。

這樣的上司可以分兩種來對待，其一，這種上司絕對優秀，他的能力很高，任何事情都做得盡善盡美。這樣的上司有資格對你挑三揀四，因爲在他們看來，你的工作確實有需要改進的地方。他們總是要求自己的下屬做得和自己一樣好，用自己的水準衡量自己的下屬，難免會覺得不滿意，因此也就經常挑下屬的毛病。其二，這種上司能力不高，但是嫉妒心很重，他們看著下屬完美的工作感到自己壓力很大，所以總是情緒不好，這樣就容易對自己下屬的工作挑來撿去，動不動就不滿意，讓你重做。其實他們自己也做不好。但無論是上述的哪一種，只要你對他們的心態有了一定的了解，那麼，與他們相處起來也就可以得心應手了。

在這樣的上司面前，你一定要絕對服從他們的領導，無論他們吩咐你做什麼事情，有著怎樣的要求，你都一定要嚴格地遵從，迅速地展開行動。讓他們感覺到你對他們的領導很忠心，對他們的話語很重視。同時有這樣的上司，你一定要養成多彙報的習慣，對於有才能的上司來說，你多彙報，他可以給你及時準確的指示，使你的工作開展得更為順利；而對於才能欠佳的上司來講，你多次的彙報，會讓他們感到自己被你所需要，在你的眼中，他們也很重要。同時多彙報還能讓這樣的上司，感覺到你的工作成就中有他們的心血和功勞，這樣在決策的時候，他們便不會否定你，而盡可能肯定你了。

5. 怎樣與城府深的上司相處

城府深的上司，你永遠摸不透他們的心思，在他們的面前，你永遠處於劣勢。這種人的顯著特點是喜怒不形於色，你很難判斷此時他們是高興還是生氣。這樣的上司最可怕的就在於，即使你得罪了他們，你自己都沒有察覺，但他們卻很容易記恨，一定要找個機會報復你。和這樣的上司在一起工作，難免有古代伴君如伴虎的感覺。一不小心，你可能就丟了工作。

小趙就職於一家大型公司，他平時的愛好是打網球，而他自己的上司也是個網球愛好者，這樣小趙就有了每個星期天陪自己的上司打網球的義務。小趙的上司是個表面上很和藹的人，他對於任何事情都輕易不發表自己的看法，但小趙明白對於這樣城府深的上司，自己絕不能得罪。

第一次交鋒，小趙就知道自己的上司絕不是自己的對手，但是他又不能表現得那麼輕鬆就戰勝自己的上司，這樣不但上司心裡不高興，恐怕自己在工作中也會受到影響。所以第一次他讓上司覺得自己贏了，純粹是僥倖。這樣一來，上司必然不服氣，第二次再交鋒時，他就輸給自己的上司，這樣上司就很有面子，覺得自己的水準不錯。而接下來的一次，小趙輕鬆取勝，但是上司會覺得是他自己疏忽，小趙才贏的，這樣你來我往，上司一面覺得小趙的水準不錯，但同時也認爲自己的水準與他不相上下，這樣心裡很高興，同時覺得自己有一個不錯的玩伴。對於小趙來說，上司高興，他的工作會越來越順利，同時才可能有晉升的機會。

6. 怎樣與年輕有爲的上司相處

現在社會，只要有才能，就能提升得很快，年齡已不是很重要的問題，熬資歷更是很落伍的事情，所以公司裡的上司一般也很年輕，並且頗有能力。這樣的上司對下屬來說，也是個很強的挑戰。在工作能力和水準上，自己不能顯得比上司太差；在人際關係上，也不能因爲上司的年輕就不尊重人家，而實際情況是，一般的下屬對這樣年輕有爲的領導，不知道該怎麼相處，既不能當作自己的同齡人，也不能把他們當作自己的前輩一樣尊重。

美國很紅的影集《六人行》裡有一段這樣的故事：錢德勒開始是個普通的職員，他與自己的同事的關係都很好，但是他被升職了，他突然一下子不知道該怎樣與自己的下屬相處了。他的每句話，下屬都當成了命令；他開的玩笑，下屬也會當眞，他自己一下子覺得很孤獨。後來還是他的好友菲比幫他解開了困惑，她說：與一個決定自己是否能繼續工作的上司在一起，怎麼可能不感到害怕，因爲想的都是萬一沒有了工作，就沒有了生活來源。

與這樣的上司相處，一定要積極努力地工作，因爲這種有能力的上司，前途都很光明，他們絕不可能在一個位置上待得太久，隨時都有升遷的可能。而一旦他們升遷，那麼他空出來的位置就有可能是你的。當然在他升遷前的這一段時間，你拼命工作一定會很勞累，而且沒有直接的物質利益，但是作爲一項長遠投資，就變得很值得了。

7. 怎樣與私欲特強的上司相處

這種上司任何時候都以利益爲重，對他們來說，沒有永恆的朋友，只有永恆的利益是他們的座右銘。儘管他們的嘴上可能說得華麗動人，但他們爲了自己的一點點私利，可能會犧牲下屬的重大利益。但是對於他們的下屬來說，人在屋簷下，怎能不低頭，即使知道上司的自私行爲，爲了顧全大局，也只有忍耐。

這樣的上司最擅長的，就是把下屬的勞動成果據爲己有，作爲自己升遷的籌碼。他們往往對自己的上級卑躬屈膝，阿諛奉承；而對於自己的下級就頤指氣使，斥責謾罵，一切全憑自己高興。對於這樣的上司，最重要的是不要走兩個極端：一個是一味頂撞，一個是盲目順從。一味頂撞，吃虧的肯定是自己，如果你還不想丟掉這份工作的話，你就必須改掉自己的這種態度。

但是你也不可以盲目地順從，這樣你的一切工作成就可能都被他們所佔有，而你自己在這樣的公司工作，就完全沒有了價值和意義。

對於這樣品質惡劣的上司，你切不可示弱，如果牽扯到一些有關重大利益，比如升遷或調派的可能等機會時，你就要據理力爭，即使鬧到更上一級，也不要害怕，因爲有可能勝利的是你，或許你就可以取代他的位置。這樣的上司大多是吃軟怕硬的人物，所以你到了忍無可忍之時，就不要再忍耐下去了。

美國電影《辣媽辣妹》中，有這樣一個情節：女兒的一個老師，上課時總是找機會讓她難堪，即使她的問題回答得無懈可擊，也照樣給她最低的分數。後來這個女兒終於發現了其中的奧妙，原來這位老師曾經追求過她的媽媽，沒有成功，因而把她當作了自己的報復對象。此時的女兒抓住到對方的缺點，就狠命地還擊，終於把不可一世而且小肚雞腸的老師，徹底擊敗了。所以對於經常找機會欺侮自己的人，最好的辦法就是等待時機，尋找對方的弱點，待時機成熟時，才給對方以致命的還擊。

8. 怎樣與不負責任的上司相處

這樣的上司一般沒有很強的能力，他們在工作上沒有很大的建樹，同時為人也不是很善良厚道，相反，他們大多膽小怕事，不願承擔責任，總是擔心自己受到連累，這樣的上司對於自己的下屬來說，是不值得倚靠和信賴的，他們無法當一棵大樹給予自己的下屬以安全感。

但是這樣的上司因為自己的普通，反而能給予自己的下屬以自由的發展空間，在他們的手下，下屬能按照自己的計畫從事工作，比較容易出成果。這樣的上司在自己的下級面前大多沒有脾氣，不愛發火，並且能夠聽取下屬的意見。與這樣的上司相處，職員們會感覺輕鬆，沒有過大的壓力。

這樣的上司可能給你以脾氣溫和、待人親切的假象，如果因此就感覺他們值得信賴是不正確的。這樣的上司更容易臨陣脫逃，或者爲了自己的利益，把你推到火槍口。

李和是個剛到公司不久的新職員，他的上司給他的印象是待人親切，脾氣溫和。他很高興有這樣一個好相處的上司。但是後來的一件事把他對上司的所有好感都破壞了，同時，也爲他上了一堂生動的社會實踐課。

一次，他與上司共同負責一項業務，在統計資料時，他發現了一個錯誤，就向自己的上司請示，當時上司認眞看了，也認爲確實錯了，但考慮到不是什麼大錯誤，並且這份資料已經當作材料使用了很久，沒有什麼大問題，就指示不用改了。但是與他們公司合作的另一家公司也發現了這個錯誤，並且斥責他們爲什麼不早些提出來。公司的總經理認爲這是關係整個公司信譽的問題，應該認眞對待。但此時，李和的上司卻把所有的責任推到了李和一個人頭上，說自己並不知道這件事，並沒有人跟他彙報過。

李和當時就有一種被人出賣的感覺。公司考慮到李和是個新人，再加上這件事也沒有造成具體的物質損失，就沒有辭退他。李和雖然保住了工作，但他的心裡卻永遠留下了一道傷口，後來他主動調到了其他部門，與自己的上司完全斷絕了聯繫。

9. 怎樣與高傲自大的上司相處

高傲自大的上司往往都自恃功高，不把別人放在眼裡。他們通常以爲自己有著一流的頭腦，廣泛的交際網，良好的人際關係，所以說話、行事很趾高氣揚，聽不進別人的意見，尤其認爲自己的下屬沒有資格對自己進行評論，更談不上吸收他們的建議了。這種上司最愛聽的是奉承話，批評他們的人通常都沒有好下場。

與這樣的上司相處，首先要學會的就是恭維他們，對他們曾有的功績要不厭其煩地免費宣傳，但是對其過度的恭維也會讓他們對你產生不良的印象，認爲你是個一無是處、沒有才能的人，只會跟著別人的步調走。所以在這樣的上司面前，你也要找尋合適的機會表現自己，展現自己的才華，讓他對你另眼相看。

傲慢的人一般都認爲自己有著別人沒有的才能，但一般情況下，傲慢的人確實也是有著別人所沒有的某方面的才華，所以說傲慢的人有著傲慢的本錢。與這樣的上司相處，切不可表現得太過懦弱，這樣只能讓他們對你產生厭惡的情緒，所以有時你也要表現得很有性格，這樣上司才會對你惺惺相惜。

10. 怎樣與豪爽的上司相處

現實生活中，有很多這種類型的上司，他們聲音洪亮，笑聲爽朗，做事乾脆，行事果斷。這樣的上司給人正直、豪爽的感覺。他們最見不得扭扭捏捏，他們欣賞和他們一樣性格直率、做事乾脆的人。

豪爽是一個好上司的一種必備的素質，所以如果你的上司是一個豪爽的人，那麼你值得慶幸。這種類型的上司通常喜歡有才能的人，他們從不在乎別人對自己的態度，即使你與他們針鋒相對，出言頂撞，只要你說的合乎情理，有根有據，就不要擔心他們會記恨或者報復。

這樣的上司對有眞才實學的人，從來都是很珍惜的，他們或許會對你頂撞他們的態度生氣，但他們從不把它放到心上，甚至有可能因爲你的敢說敢做，而讓他們對你印象深刻，讓你有晉升的機會。

在這樣的上司手下任職，自己如果有能力，就一定要積極表現，因爲他們看不起整天拿不出成績的人，他們欣賞那些高能力、高水準的下屬。而如果你沒有眞本事，而靠阿諛奉承混日子，那麼你可要小心了，這樣的上司一般都很鐵面無私，他們對待品質惡劣的人，從來都不會心慈手軟。這樣的上司在工作上一般都衝在最前線，與自己的職員同甘苦，共患難。

怎樣與不同性格的同事交往

與不同性格的上司相處需要技巧，與不同性格的同事相處更需要技巧。對大多數在公司任職的人來說，平時與自己相處最多的人就是自己的同事，很多工作都是與同事合作完成的。在共同工作的過程中，每一個人都有著自己對工作的不同看法，怎麼處理，怎麼合作，處理得合適與否，對每個人都會有影響。所以有一個和睦的同事關係，對每一個職員來說，都是很關鍵的事情。

現代社會中，快節奏、高效率已經成爲處理所有事情必備的標準。每個企業在機遇面前，都是潛在的競爭對手，而企業的每個部門，部門的每個人之間是合作關係，更是競爭關係，這樣的狀況就決定了部門同事之間，表面上和和氣氣，稱兄道弟，而內心裡，各自打著自己的小算盤，各自有著自己的心計，甚至有時為了自己的利益，不惜損害自己最親密同事的關係。

俗話說：「人心隔肚皮」，這是個事實。同事間還有著利益紛爭的關係。在一個部門工作，低頭不見抬頭見，彼此之間會有各種各樣雞毛蒜皮的小事發生。天天在一起，個人的性格特徵、優缺點，都會很明顯地暴露出來。不同性格的人湊在一起，當然就會引發出各種各樣的衝突和紛爭。而這些衝突有些是公開的唇槍舌戰，有些是私下裡的冷戰，但是不管怎樣，種種的矛盾都會影響彼此的心情和情緒。所以同事之間又是最容易起紛爭的關係。

1. 同事相處的原則

（一）同事之間不可交心

在與同事相處時，首先要學會的一句話就是——「同事之間，永遠沒有知心的朋友。」無論與同事的關係多麼的溫馨和和睦，也不要隨便把自己最隱祕的東西告訴同事，因為不知道在什麼時候，也不知道因為什麼，你們可能會變成對立的一方，而你的這些隱祕的東西，就會變成他攻擊你的武器，讓你沒有招架的餘地。

小莉是個很寡言的人，她從不喜歡在公衆場合像大家那樣開心地亂侃，這樣就讓大家對她的一切都很好奇，而她自然在大家的眼裡就是個很神祕的人。

最近幾天，小莉的情緒越發的消沉，常常無故的恍惚心不在焉。一個公司裡的女同事，出於同情，常常勸慰她。

一天下班後，兩人一起去喝酒解悶。在喝得神志不清的時候，小莉向她吐露了心事。原來小莉喜歡上了她們鄰近部門的上司，她不知道應不應該表白。第二天上班，小莉發現公司裡的同事都以異樣的目光看著自己，甚至有的還嘲笑地講著——「癩蛤蟆想吃天鵝肉的故事」，此時小莉才明白自己做了多麼愚蠢的事情。她追悔莫及，爲了自己以後不活在這種壓力之下，她遞交了辭職信，離開了這家公司。

同事之間有時候容易產生知心朋友的錯覺，特別是女同事。但大家一定要記住，當涉及自己利益的時候，友誼是不值錢的，你會成爲你朋友的犧牲品。

（二）不要在同事面前批評別的同事或者自己的上司

有的人受了別的同事的氣或者被上司責罵之後，喜歡向自己身邊的同事傾訴，這其實是很不明智的做法。無論多麼值得信賴的同事，當升職的機會擺在你們的面前時，當你成爲他最大的競爭對手時，你的曾有的一切不利於晉升的話語、行動，都將成爲他升職的籌碼。所以這時候你對其他同事或者自己上司的不滿，第二天就能傳遍整個公司，你也就變成了整個公司最不受歡迎的人。所以剛剛走上工作崗位的人，一定要懂得惜言如金，不要逞一時的口舌之快，而丟掉了自己辛苦得來的工作機會。

（三）以退為進，以守為攻

這種策略可以用於以下兩種情況：其一，當你和一個同事最有希望競爭某個職位時，千萬不可鋒芒畢露，因爲這時你們的一舉一動都會成爲大家的焦點。如果你過於顯露自己，那麼大家就會認爲你對這個職位已經蓄謀了好久，現在已經迫不及待了，而且很可能會成功。很自然，大家心裡會產生對你的厭惡和妒忌情緒，如果此時正好提拔你們的上司，想聽聽大家對你們兩個人的意見，那麼大家自然會把你當作潛在的敵人，而說些對你不利的話。那麼很自然的，你晉升的機會就可能失去了，而你的競爭對手因爲比你沉得住氣，最終成爲了勝利者。

另外的一種情況就是，兩個同時到同一個公司、同一個部門的新人，剛進入公司時也要學會適度地保留自己，切不可太過於表現自己了。

A和B兩位小姐同時到一個公司上班，剛開始，A做事很積極，任何事情都搶著幹，什麼事都力求表現自己。而B正好相反，她做事不太積極，只做好別人交代和要求的事情，從不搶出頭。兩個月後，上司對她們做了一次調查和評估。結果出來後，A很是驚奇，因爲同事對B的評價都很好，認爲她是一個誠實可靠、值得信賴的人。而對於A，大家則認爲她有一定的才能，但卻性格浮躁，不太值得信賴。

但從這以後，B卻慢慢地開始表現自己了，她會適當地改變一下計畫的細節，讓工作的效率有所提升，同事聚會上，她也表現得很活躍。而此時的A，因爲受到先前的打擊，而變得情緒低落，工作上也不再積極表現自我了。同事們自然會感覺A在退步，而B則在進步，很有發展前途。兩個資歷、水準很相似的人，因爲處世之道的差異，而有了不同的遭遇。B就是個很懂得以退爲進、以守爲攻的人。她的成功也說明了處理同事間微妙的關係時，也要有一定的策略才行。

（四）了解公司的內部形勢

公司越大，內部的組織也就越大，而人際關係也就越複雜。上司希望有自己最信任的下屬，而下屬也希望有可以做靠山的上司。對於剛進入公司的新人來說，很可能會摸不著邊際，做出得罪人的事情來。所以對於他們來講，最重要的就是察言觀色，對自己周圍的情況做出客觀理性的分析，讓自己早點有一定的心理準備。

面對著這樣的情況，最好的辦法就是冷眼旁觀，不捲入任何派別的紛爭中去。如果你過於急切地成爲了某個派別的忠心分子，那麼一旦出了什麼不利的情況，你就成爲了最佳的犧牲品。所以一定要把握好自己的方向，不要糊裡糊塗地成了受害者。

2. 怎樣對付不同性格的同事

（一）對付尖酸刻薄的人

尖酸刻薄的人是公司最不受人歡迎的人，這種性格的人與別人爭吵時，最容易把別人的薄弱點和隱私暴露在衆人的面前，同時冷嘲熱諷不斷，讓對方的自尊心深受傷害。與這樣的人相處，最重要的是不要去招惹他們，平時更不要輕易地把他們當作自己的知心好友，把自己的隱私告訴對方。如果你不幸惹上了他們，那麼千萬不要與他們起正面的衝突，對於他們的冷嘲熱諷也要充耳不聞，當作沒有聽見，免得招惹麻煩。

（二）對付挑撥離間的同事

挑撥離間的人不管走到哪裡，都是惹人討厭的人，他們是一個公司潛在的破壞因素，只要有他們的地方，就有不愉快和衝突發生。如果你的同事當中有這樣的人，那麼你一定要注意自己的言行舉止，在他們面前，不要輕易講對上司和其他同事不滿的話，因爲這些話不知什麼時候，就可能成爲你晉升路上的最大障礙。同時你還要注意與別的同事建立良好的人際關係，把挑撥離間的同事隔離開來，讓他們形成孤立的局面，這樣即使產生了誤會，你的同事也會相信你，而不是一味地相信那些從中作梗的人了。

（三）對付翻臉無情的人

在現實的生活中，每個人都是別人的跳板，而自己又在尋求著自己的跳板。在競爭激烈的大公司裡，有很多這種過河拆橋、翻臉無情的人，他們在需要你的時候，與你稱兄道弟；而一旦不需要你了，馬上把你一腳踢開，全不理會與你的深厚交情。應付這樣的同事，你最好是認清楚他們的眞面目，不要盲目地相信他們對你的友誼，更不要投入過多的精力來珍惜這份感情。你在被他們利用的同時，最好也讓他們幫你做許多對你有利的事情，因爲「禮尙往來」，此時你對他們還有用處，他們一定不會拒絕；再說他們與你相交並不誠心，你不妨也好好地利用他們一把。

沒有溝通，世界將成爲一片荒涼的沙漠。人們置身於現代社會，每天都不可避免地與他人交往，每天也可能遇到社交的難題。好的人緣給人帶來幸福和歡樂，出衆的交際能力，並不是天生就具有的，每一個善於交際的人無不經過無數次的生活磨鍊。所以你只要學會一些有用的方法，就一定能嫻熟得體地處理工作場所發生的衝突，和睦地與別人相處。

我們生活在一個大變革的年代，其具體表現爲：令人驚愕的技術進步，更替頻繁的政治、文化結構，激烈競爭的各種行業。這種不斷創新與完善的關鍵因素是什麼？很多人會說是科學技術。是的，科學技術在其中起了巨大的作用，但是最關鍵的因素則是人，是人的創造力和敬業精神，以及各個行業各個部門上下盡心竭力的努力，才創造了一個又一個的輝煌成果。

人們經常說：「一個單位或企業搞得好不好，關鍵在於主要領導。」在現實生活中，我們的企業最缺少的或者說最需要的不是資金，不是產品，而是好的帶頭人，好的領導。無數管理實踐證明，成功企業的背後，一定有一個出類拔萃的領導。作爲一個好領導必備的因素，就是具備統御各種下屬的能力，能夠收放自如地指揮部下完成各種工作與大小任務。

第二章

好性格，好管理

不同性格的領導及其管理方式

不同的人有不同的性格，不同的領導、下屬，也有不同的工作性格。每一個人在世界上都是唯一的，雖然不能把每一個人的性格特徵和工作方式絕對化，但是在日常生活中，總能在某些領導者中間找到他們的性格共同點。了解自己的性格類型，有助於領導者正確地審視自己的工作成績和自身工作的特點，挖掘自身的工作潛力，推動自己工作的進一步發展。

1. 性格冷靜的領導及其管理方式

冷靜型的人會從比較實際、比較客觀的角度，來看待自己的工作與自己周圍發生的事情。這種類型的人總是把每天的工作和生活規劃得井井有條，他們從不做計畫外的事情，處世風格相當的嚴格和冷酷，所以讓自己的下屬覺得他們冷漠、孤立、不好相處。

這種性格的領導從不裝模作樣，也不愛別人對自己阿諛奉承。在工作上，他們很有能力，做事果斷，而且往往成效甚高。他們通常做事態度冷靜穩重，對自己說的話負責，但是形式風格固定化，不願做出改變。但是他們又非常地注重實效，一旦讓他們感覺到新方法確實卓有成效，他們會馬上做出調整，這樣的性格特徵讓他們總能抓住有利的機遇。

冷靜型性格的領導對自己的下屬要求很嚴格，他們欣賞那些有能力、做事乾脆有成效的人，討厭那些油嘴滑舌、不努力工作的下屬。這樣的性格給了許多認眞工作的下屬以自由發展的空間，也讓那些無心工作的人沒有空可鑽。但是他們在嚴格要求下屬的同時，卻往往忽略下屬的感受和待遇。雖然他們的領導方式可以提高工作效率，但卻給下屬造成了很大的壓力。所以這樣的領導一般讓下屬感到畏懼，不願親近。

肯尼士·布雷徹是威廉·佩恩基金會的前任主席，一個典型的冷靜型領導。他從不在工作上小心翼翼，不敢或者不情願去做那些有著種種障礙的工作，正相反他勇敢地去面對這一切。在他工作中有很多這樣的故事。

在費城有一個住宅建築工程，它的位置正好鄰近著肯尼士當時想要投資修建的一座新劇院。當時所有的人都反對將劇院建在那裡，因爲他們認爲那個地方到處是槍枝、暴力，是很危險的地方。肯尼士當時沒有一再堅持自己的理由，而是問了一個這樣的問題，他們當中有誰去過那兒，沒有人回答，因爲所有的人都沒有去過，他們只是聽說而已！肯尼士此時充分發揮了自己冷靜型領導的性格優勢，他沒有盲目聽從大家的建議，而是冷靜地思考，最後決定親自去那個地方探察一下。

肯尼士說當他步行往那個地方走時，非常的緊張，心臟開始急遽地跳動，但是結果是他看到了一幅很溫馨的畫面：孩子們嬉鬧，母親在準備晚餐。沒有持槍的暴力分子，只有在艱難、惡劣環境下努力生活著的人們。他最終決定在那個地方建造劇院，因爲與其相信不確實的話語，不如相信自己的眼睛。

冷靜型的領導還具有很強的完成任務的能力，與妥善安排事務的智慧，他們天生是公司裡的領導人。

2. 包容心強的領導及其管理方式

這種類型的領導會將爲別人服務放在自我之前，他們通常做事很小心，喜歡一個人默默工作，很務實，重視現存的工作環境。他們能客觀地分析周圍的形勢，能根據實際情況來處理一些人際關係問題，他們和冷靜性格的管理者一樣喜歡井然有序、按部就班地生活。

在工作上，他們勤勤懇懇，有很強的耐心來完成自己的工作，甚至加班也沒關係。當然有時他們也會抱怨自己的工作，但他們小心行事的作風，讓他們通常把自己的抱怨放在心底，不輕易向外人傾吐。這種類型的領導還有很強的責任心，他們可以爲了公司的利益而犧牲自我，並且在犧牲的過程中感到一種自我的滿足。

包容心強的領導通常無法妥善地處理衝突問題，所以當他們面臨著自己的下屬之間的衝突時，通常的做法都是睜一隻眼，閉一隻眼，裝作沒看見。這種人視規矩爲生命，原則性很強，他們做任何事都採取墨守成規的態度，嚴格地遵循既有的條例來辦事。這樣的性格決定了他們要求自己的下屬也能夠按照慣例來辦事。

包容心強的領導通常很重感情，他們對自己的同事和下屬很負責，一旦對方有任何困難，他們總是竭盡全力幫助對方，甚至忽略了自己的事情。

凱撒·奧迪歐是美國邁阿密的市政執行官，他的領導方式最讓人著迷的地方，就在於他超強的包容心。邁阿密是美國具有最多民族的城市之一，那裡63%的居民是西班牙人，25%的居民是黑人，還有12%的白人。這樣的城市環境決定了凱撒必須對這種多樣化的居民，採取包容態度，並且想方設法讓這麼多民族，齊心協力地推動整個城市的發展。他不像他的前任那樣，把這個城市只看成一個整體，他把它看成許多個體，並且決定對每個社區逐個進行研究，來滿足各社區的要求。他首先採取的行動，就是在不同的社區建立他們自己的員警機構，並且在每一個機構裡又設置了社區監督辦公室，這種做法不僅明確了責任，而且消除了社區和市政之見的不信任。通過他的一系列努力，終於使邁阿密市舊貌換新顏。

3. 平易近人的領導及其管理方式

平易近人的領導是最值得信賴的領導。他們通常都很樂觀，認爲生活裡充滿了無限的發展潛力，對未來總是做出很多的憧憬。這種性格的領導在工作上，總是把自己看做是和下屬一樣普通的職員，他們總會熱情地參與工作，積極地聽取別人的建議，努力地和別人共同完成工作的任務。同時一旦工作的過程中有了困難，他們又會馬上意識到自己的領導身分，積極地爲大家解決問題。他們的性格中有一種爲大家服務的特質，所以在爲大家服務的過程中，也不會抱怨，而感覺自己正是在履行自己的領導義務。

這種領導平時沒有領導的架子，在自己的下屬有困難的時候，又熱心地幫助，所以下屬都很信賴和支持這樣的領導，他們一般和下屬的關係都很親密。同時平易近人的領導和包容心強的領導一樣，不善於處理辦公室的衝突事件，他們在衝突面前大多保持沉默，寧願採取被動的處理方式，讓事件自己平息下去。

這樣的領導在現實生活中也經常可以看到，艾倫・R・穆拉利是波音飛機公司的副總裁，他的管理方式就是時刻提醒自己，他和波音所有的職員有著同一個使命，為同一個計畫努力，任何事情都是共同參與，並且共同承擔責任。他這樣評論自己：「我不妄自尊大。我不知謙卑這個字眼對我是否合適，但相對而言我知之甚少，關於這一點我心裡有數。」他把創建一個能夠使員工充分展示才能的環境當作他的基本職責。他說：「每個人都了解工程進展情況，每個人都清楚該做什麼。」在困難出現的時候，他從來沒想過把自己置身事外，在他看來，與職員共同承擔責任是美妙的選擇。

當波音飛機出現廁所馬桶的蓋子放下時聲音過大的問題時，他和所有的研究人員一樣，想盡一切辦法，做各種各樣的實驗來解決這個問題。他們一起不知花費了多少心血，終於找到了解決問題的方法。最後大家面對著改進的馬桶，感覺到他們做出了多麼有意義的貢獻。他說：「我想實現的最重要的一個願望，就是創建一個讓所有人都能充分施展才能的機構。對我來說，這還要靠完成一項任務，達到一個目標，實施一項計畫來實現。計畫中安排的目標越多，而規定的實現目標的方法越少，其效果就越好。規定和結果幾乎是對立的。這樣能促使我們每一個人發揮創造性，千方百計地找到完成計畫的辦法。我的職責就是保證這一過程順利展開。」

4. 活潑型的領導及其管理方式

活潑型的領導大多熱情、好動，對工作和生活充滿了熱忱。這樣的領導是把工作和歡笑結合在一起的人，他們不但熱愛新奇的事，自己本身更是生活裡的新奇。性格活潑的人，由於他們蓬勃的生命力，待人熱情的態度以及喜歡歡聲笑語的生活態度，使得他們不管在什麼樣的環境裡，都懷著愉悅的心情。在工作上，這種性格的領導注重工作的氣氛，他們喜歡用輕鬆的態度處理事情。他們熱情的個性使得他們能夠促使計畫迅速實施，不論面對怎樣的突發情況，他們都能夠欣然接受並加以處理，他們對工作很少抱怨，因爲忙碌和複雜的工作可以更加充實他們的生活。

活潑型的領導從來不懼怕挑戰，在他們看來，生活一成不變才是最不可忍受的事情，他們渴望變化，希望自己的工作富有挑戰性。

活潑型的領導都有著歡樂的細胞，他們通常很容易與人相交，喜歡過集體生活。所以他們很受下屬的歡迎，因爲和他們在一起，總是有快樂的事情發生。他們對下屬的要求不太嚴格，也不喜歡用條條框框去約束下屬，更喜歡輕鬆歡樂的辦公室氣氛。這種性格的領導，一般很欣賞有創造力、精力旺盛的下屬，尤其喜歡能給他們帶來快樂，同時工作能力又很強的人才。

張女士就是這樣一個活潑型的人物，她經營著好幾間美容店，她從不把自己當作老闆，在美容店裡，她是個任何人都可以使喚的人，理髮師要她「把那本書遞過來」，或者「幫我拿著梳子」，等等，而這些都是別人的工作。她在美容店裡，從來不會安靜地待上一會兒，不是去看美容師理髮，就是去與顧客聊天，或者走來走去。但是去過她美容店的人，都成了她的好朋友和她生意的回頭客，同時她的所有員工都很喜歡她，他們就像是一家人。她還說想採用一些和她一樣性格的美容師，因爲只有這樣的髮型師才能一天輕鬆地應付那麼多的顧客，而也只有這種性格的髮型師，才能在衆多挑剔的顧客面前照樣熱情高漲。

5. 勤奮型領導及其管理方式

勤奮型的領導大多不愛說話，他們讓人很難琢磨且不喜歡表露自己的眞實情感，他們習慣以客觀的方式來做決定。他們通常寧願單獨做事，也不願浪費時間在團體合作上面。這種人把團體討論看做是最沒意義的事情。在他們看來，坐在一起討論是浪費時間，不如自己去積極地展開活動更爲有效率。這種領導的獨立工作能力很強，甚至有時不需要下屬的配合。

這種人總能及時地完成自己的工作，他們擅長適應各種各樣的突發情況，並且能夠根據不同的環境，及時更改自己的工作計畫，一般工作任務都完成得相當出色。

這種類型的領導對待下屬很嚴格，他們通常以自己的做事方式要求下屬，在他們看來，不努力工作的人是沒有資格留在公司裡的，對待混日子的職員，他們從來不心慈手軟；相反的，對待工作勤懇、認真的職員，他們卻很寬容，即使對方沒有按時完成任務，或者在工作的過程中出現了某種錯誤，這種類型的領導一般都能包容。

伊利集團的領軍人物鄭俊懷就是個異常勤奮的領導者，他胸懷開闊，顧全大局，團結周圍的人，對自己實行高標準嚴要求，有時甚至苛刻。他習慣於給自己設置一個別人看來無法實現的目標，然後增加壓力，自找難題，拼命去實現，做常人所不能做的事，而也正是這種——「知其不可爲而爲之」的拼搏精神，成了他個人，也成了伊利集團競爭勝利的法寶。

鄭俊懷常說，做事先要做人，正人先要正己。他從不抱怨自己的工作辛苦，也從不自恃功高，就不把別人放在眼裡。每時每刻，他都在默默地工作著，對他而言，只有工作，才能把他的全部精力調動起來，也才能充實他的生活。

6. 知人善任的領導及其管理方式

知人善任的領導大多資質平庸，但他們周圍卻聚集了一群各有所長的人才，並且心甘情願地服從他們的領導。這種類型的領導大多很謙虛，對別人的意見從來都是虛心接受，他們自己雖然沒有能力完成工作，但是他們卻懂得應該讓誰來完成這項工作。俗話說：「他們不善知事，但卻善知人。」

在工作上，這樣的領導沒有獨立完成工作的能力，但是他們懂得怎樣調動整個合作團體的積極性，怎樣讓整個團體的人和諧有序地工作，所以他所領導的部門工作效率很高，並且工作氛圍很和睦。在工作態度上，他們不是那種勤奮努力、事事以身作則的好領導，但他們絕對是虛心聽取下屬意見，給下屬自由發揮舞臺的好領導。

這種類型的領導能根據下屬的不同習慣，妥善地安排各個工作崗位，他們對下屬也不是很嚴格，但卻能把每個人的積極性調動起來，讓每個人放光發熱。

蜜雪兒．亨特是美國聯邦政府職能研究所主任，她認爲工作中最重要的是調動員工的積極性，讓員工有一定的自主權。她說：「我並不把自己當作領導者，只是把自己當作觸發因素。我不要求員工該如何如何，因爲我相信別人改變不了他們。我的目標是讓員工自己設計一個遠景規劃，並成爲爲了集體的共同目標而奮鬥的一分子。」她認爲要想做到機構精簡的唯一方法就是發揮員工的創造性，使員工獲得解放，這樣他們才能更快捷、更出色地工作。絕不能採取欺騙和命令的手段，必須要他們主動去做才行。

7. 情緒型的領導及其管理方式

情緒型的領導通常爲了芝麻綠豆大的小事就感情用事，具體表現爲：輕易地發怒；在很小的事情上，喜怒哀樂的表情便輕易地浮現在臉上；自我主張，不願傾聽別人的意見；性格衝動，經常不分青紅皂白地訓斥下屬，等等。這種性格的領導雖然衝動，但他們大多數都很正直，也賞罰分明，對於勤奮工作，努力上進的下屬，他們會找機會提拔；但對於那些只說不練的下屬，他們一般不會重用，而且很反感他們。

情緒型的領導在日常生活中也很常見。他們在工作上很下力氣，從來不會把所有的事交給自己的下屬，而自己在一邊給出建議。對他們來說，能跟自己的下屬一起工作，是他們最開心快樂的事情。但這種類型的領導很重視事情的成敗，工作順利，他們開心。相反的，如果工作不順利，或者在工作中出現了挫折，他們的情緒就會很受影響，意志消沉一段時間。

情緒型的領導與自己的下屬關係很友好，他們很容易訓斥下屬，但是又很容易跟對方道歉，所以在下屬面前，這樣的領導沒有什麼威嚴，與自己下屬的關係也很親近。

不同性格的下屬管理方式

日本著名的企業家堤義明（西武集團總裁）曾經說過這樣的一段話——「我並不是要天才人物爲我做事，天才，不會爲職業盡責的，我要用的就是有責任感的誠懇的人，他們會在自己的工作崗位上感到滿足，從職業中取得快樂，這樣的人，才是企業裡最需要的人才。」

世界上的人形形色色，公司裡的職員也魚龍混雜。一個成功的領導面對著各種各樣的下屬，不應該是束手無策，讓下屬搞得團團轉，而是左右逢源，掌握各種各樣下屬的特點，並使他們所有人的才能得到充分發揮，做到人盡其才，物盡其用。

1. 對待夸夸其談的下屬

任何公司、企業都有這一類型的人，所有的領導對這種類型的下屬都不陌生。喜歡虛誇的人，通常一開始能給人留下不錯的印象，讓領導對他們刮目相看，寄予厚望，認爲他們富有積極性，並且有發展前途。但是這種人很快就會露出馬腳。所以領導者在聘用自己的職員時，一定不要被他們的外表所迷惑，要認眞觀察他們的言行舉止。領導不需要用嘴巴做事的人，需要的是有能力、能解決問題的人。任何一個冷靜愼重的領導，都不願任用這種類型的職員。當然有些特殊的職位需要任用好口才的人，但是領導者在考慮口才的同時，也要考慮一下職員的雙手。

一個汽車公司新招聘了一批年輕的員工，在面試的過程中，所有參與的領導都對其中一個年輕人留下了深刻的印象，他在整個過程中，口若懸河，講任何事情都頭頭是道，其他的人和他相比，一個個顯得很沉默。

可是在試用期結束的時候，所有的領導對他都很失望，因爲他對所有別人安排給他的工作，都不屑於動手幹，認爲都是一些小事情，對他來說，是大才小用。部門經理每天晚上都要給各經理人發出通告，一次讓這個年輕人幫他封信封。「我不封！」這個年輕人反抗說：「公司不是請我來封信封的。」他的態度讓部門經理很生氣地說：「如果你覺得這事太卑下的話，你就不用在這做事了。」這個年輕人沒有辦法，只得選擇離開。而與他一起來的人，經過勤奮的工作，都有了不錯的成績。

2. 對待常有非分要求的下屬

作爲公司部門的領導或者企業的經理，一定經常有自己的下屬向自己提出各種各樣的要求。對於那些合情合理的，而自己又有能力做到的要求，應該給予支持。但是也有很多下屬，喜歡提一些不太合理或者自己沒有資格提出的要求。這時，作爲領導的你，是應該答應還是應該嚴詞拒絕？答應了，會不會讓其他的下屬有意見？而不答應會不會影響下屬的積極性？這些都是領導不得不考慮的問題。

很多經理人常聽到這樣的話：「我以前在另一家公司，他們答應……而他們也做到了……」、「我有點失望，經理似乎並不看重……」面對這樣的情況，許多領導都覺得束手無策。其實，面對這樣的下屬，如果他確實很有能力，而且他提的要求，也可以做到，那麼領導不如滿足了別人，自己也做回好人。

如果他提出的要求在你的能力範圍以外，你應該把情況如實地告訴他，把選擇的權利放到下屬自己的手中，讓他選擇離開或是留下。在這種情況下，下屬一般都會理解，並且他們會感受到你的誠意，從而不會有離開的念頭。如果是那些能力不高的人，並且他提出的要求也有點過分，那麼，你就可以毫不猶豫地拒絕他了。

3. 對待只報喜不報憂的下屬

這種類型的人在公司、企業更是很常見，他們爲了突出自己的工作成績，通常彙報工作時，總是揀好聽的方面說，而壞的方面則隱瞞不說。這樣他們的職位可以得到提升，但是實際上，時間一長，這樣的下屬會留下無數工作上的隱患。

比如說一個部門經理讓下屬舉辦一個新產品上市的介紹會，事情過去後，這位下屬來給經理彙報工作。「王總，昨天的介紹會開得很成功，許多公司對咱們的產品很感興趣，都希望做進一步的了解……」如果到此爲止，那麼經理會眞的認爲很成功，這位下屬很有能力。但是這個經理做事很認眞，他後來又找了另外一個下屬了解情況，而事實是，介紹會來的人很少，而且中間有幾次冷場的局面。

作爲經理，一定要警惕這樣的下屬，特別是對於那些很重要的工作，一定要多方面了解，不要輕信一個人的話，這樣容易被蒙蔽，從而不利於工作的進展。

4. 對待有後臺的下屬

社會是一個錯綜複雜的關係網路，作爲一顆網路中的鈕釦，每個人都不能逃脫這個大的關係網。在一個公司或者企業裡，經理人手下經常有一些有後臺的下屬，面對這樣的下屬，經理都感到束手無策，怕一不小心，招惹上了麻煩。

對待這樣的下屬，如果他們是很有能力的人，那麼應該重用他們，如果有機會，就要提拔他們。這樣有能力有後臺的下屬，晉升的機會很多，很可能有朝一日成爲你的上司，所以對這樣的人要很客氣，也會給對方留下良好的印象。如果這樣的下屬，是個能力很普通的人，但是他們工作勤勤懇懇，那麼經理只要讓他們安心工作就行。如果有後臺的下屬，既沒有能力，又很趾高氣揚，不把你放在眼裡，那麼你就應該儘量與對方隔開距離，最好敬而遠之。如果他實在是很過分，那麼，你也就沒必要對他客氣，因爲你畢竟是他的領導，領導的威信還是要有的。

5. 對待愛告密的下屬

在我們的現實生活中，總是有很多喜歡向領導打報告的下屬。對於這樣的下屬，作爲領導的你一定要愼重對待。這樣的下屬喜歡誇大其詞，小題大做，他們的話，領導一定要有選擇地聽取，也一定要打折性地聽取。

生活中，有許多經理或者領導喜歡偏愛這種人，把他們當作自己必不可少的得力助手，甚至作爲公司的中流砥柱，大有心中愛將的感覺。但是經理或者領導者，卻沒有意識到自己對其他下屬的了解，都是通過他們這些愛告密的人的傳達，很可能加入了他們自己的主觀見解，所以未必是眞實的。同時公司其他的下屬已經和自己的領導之間有了一道鴻溝，他們認爲領導不重視他們的意見，而是喜歡聽那些愛告密的人的謠言。

精明的經理或者領導對於這樣的下屬是要有保留的任用。他們通過這樣的方式對其他下屬起到監督的作用，但是又注重向其他的下屬了解情況，這樣就可以全面了解整個公司或者部門的情況。

6. 對待凡事愛拖延的下屬

很多經理人或者領導都曾有過這樣的經驗，對自己的某個下屬，你明明已經說過很多次，告訴他該什麼時候完成自己的工作，但是他還是不能及時地完成。即使你催促了他好多次，卻仍然沒有什麼效果，拖延的情況沒有任何改善。

原因到底是出在哪裡呢？管理者最常犯的錯誤，便是錯把表面的行爲舉止視爲問題所在。事實上，外在的行爲反映的是內心深層的焦慮或恐懼，如果沒有深入了解下屬的內心，解決心理層面的問題，而是不斷地去糾正他們的行爲，反而會適得其反，讓問題變得更爲嚴重。

面對這種類型的員工，最好的方式就是讓他們直接面對混亂或不確定的恐懼。你可以讓他擔任某個專案或是工會小組的領導人，學習如何爲別人承擔責任、顧慮到他人的需求，如何接受不在預期範圍內、來自其他人的要求，讓他們變得更有彈性。

還有一個方法就是，你可以鼓勵他們在完成工作之前，儘量找其他的同事討論，或是隨時隨地做進度報告，請主管或是其他人給予一些改進的建議。這樣做有兩個目的：一方面透過頻繁的討論，讓他們學會接受別人的意見，避免產生採取抗拒的心理。另一方面，也可以讓他及早做出調整，以免等到最後完成時，結果發現不符合你所要求的，反而挫折感更大。

面對慣性拖延的下屬，最好的方式就是消除他們擔心做不好的恐懼。領導應該事先溝通準時完成工作的重要性，並提醒他們哪些地方因爲時間的關係而無法做到最好，可以事後再調整，這樣的做法可以減輕他們的心理負擔。時間運用不當，其實只是表面的症狀，而非眞正的問題所在。事實上，在面對下屬的任何問題時，都不應只看外在的行爲，而是深入了解心理層面的因素，才能對症下藥，解決問題。

7. 對待辦公時間化妝的女下屬

在煩躁不安，做任何事都不起勁時，人都需要轉換自己的情緒。男性通常會抽煙、喝酒甚至賭博，而女性則一般沒有這樣的壞習慣。但是，在公司裡，會發現有許多女性職員通過到洗手間補妝或者聊天，來鬆弛自己緊繃的神經。化妝對於女性來說，是一種情緒的自然表現。對於大多數女性來說，心情好的時候，她們喜歡化妝，這樣自己可以更有好心情。而心情不好的時候，她們更依賴面上的妝容，因爲它們可以隱藏眞實的自己。對於女性職員來說，化妝就是生活的一部分，並且是不能缺少的一部分。

但是，對於喜歡上班時間到洗手間化妝或者補妝的女性下屬，領導者應該以不同的情況做出不同的對待。對於那些只是利用化妝的時間放鬆自己神經，並且佔用的時間並不很長，不會影響整個工作的進展，那麼經理不妨支援。因爲通過補妝，自己的女下屬不但容光煥發，而且工作更有效率，經理何苦吃力不討好地管制她們呢？但是對於那些上班時間經常去補妝，嚴重影響了工作進展和效率的女下屬，經理根本沒有必要姑息她們，應該及時地制止這種現象，因爲不及時地制止，很可能導致別的女性下屬效仿，而造成工作上的損失。

8. 對待愛遲到的下屬

遲到是日常生活中最普遍的事情，無論是在企業還是在公司，遲到都是無法避免的事情。但是作爲一個經理，在面對一個又一個的遲到者時，總不免要生氣，特別是對於那些習慣遲到的下屬。正確對待這樣的局面，不僅對於整頓公司的紀律有很重要的作用，並且也決定了經理能否與自己的下屬建立良好的關係。

有的人經常遲到，而有的人一年當中可能就遲到了這麼一次，所以經理或者領導對於這些遲到者，必須因人、因事而異。不過，所有的領導都會先聽聽下屬遲到的理由，以此來對他們的遲到做出處罰或者是原諒的決定。有的下屬坦白地說明了自己的遲到原因，如果說得合情合理，並且也值得原諒，那麼經理當然沒有難爲他們的理由。而如果下屬的理由很牽強，而且又沒有邏輯性，那麼經理對這樣的下屬就應該提出批評，並且也要注意他們以後的行爲，看是不是經常犯這樣的錯誤。

還有一種情況，經理通過他們遲到的理由，能發現更嚴重的問題。比如有的下屬解釋自己的遲到是因為晚上睡不著，身體感到不舒服，早上到醫院去了。那麼經理就應該重視，問清楚這樣的下屬病情是否很嚴重，能不能堅持工作，如果病情嚴重的話，就應該讓他們回家休息，不要讓病情有進一步的惡化。領導如果處理得合情合理，那麼下屬自然會心服口服，會很感激領導對自己的關心，工作也會更加努力。這樣的領導也會建立良好的上下級關係。

好領導必備的五大性格特徵

用人正確與否，關乎企業的命運。作為現代企業的經理，最困難的不是如何選擇人才，而是在選擇人才之後，怎樣才能用好人才，充分發揮人才的最大潛能。能讓自己的下屬在和諧的氛圍裡，辛勤工作的領導就是成功的領導，相反的，則是失敗的領導。對於一個成功的領導來說，以下的性格特徵則是不能少的。

1. 責任心強

對任何人來說，犯錯誤時都不要試圖做過多解釋。因爲錯誤已經造成了，你需要的只是用最短的時間改正和彌補它，其他解釋只是多餘。對於領導者來說，更是如此。他們中的許多人都認同一個觀點：我可以原諒各種錯誤，但絕不允許一天到晚老是找藉口的人。在日常生活中，我們常會說：「我以爲……」但當你在說這句話的時候，其實你已經在爲自己辯解了。

在日本企業裡，找上司彙報錯誤時的第一句話都是：「對不起，經理，我犯了一個錯誤。」然後才會再往下說。顯然，這是一種文化的養成，是一種抱著解決問題而非推卸責任的態度來面對失誤。如果你是一個副總經理，當總經理問你情況時，你卻一個勁兒地說：「這都是李經理的錯……」、「這都是趙副理的錯……」那麼老總會反過來問你：「那張經理，我白請你了！如果都是他們的錯，你又在做什麼？」

對於一個成功的領導者來說，他們永遠不會給自己找任何開脫的藉口。現實生活當中有兩種人：一種人是永遠在不停地表現，另一種人永遠在爲自己辯解。因此，在發生錯誤時，領導人首先應該想的就是：要負起責任。無論是在上司面前，還是在下屬面前，都要勇於承擔起責任。每個人都要抱有「問題到這裡結束」的態度，永遠不把問題傳遞給別人。

美國公司的員工就很少去請教上司，他們追求給自己一些想像的空間。他們常說：「Let me try（讓我試一試）！」日本企業的員工也很少請教主管，因爲他怕上司說他無能，只有不得已時才會去請教上司：「非常抱歉，我出了一個問題，想了好久，也想不出來，想請教您一下，看看能不能給我點兒意見……」

中國的經理人卻常常「癡迷」於被下屬請教，覺得這樣才有權威和被需要。甚至如果工作了一天都沒有人來請教他，便會鬱悶地想：「自己怎麼這麼不重要呢？竟然都沒有人想起了我……」

經理人需要一種負起責任的信念。當有下屬出現問題找你請教時，你可以先問他：「你有沒有負起你的責任？你解決到了什麼地步？是否非進我的門不可？」如果答案是肯定的，那麼就請坐下，我們來談談這個問題。如果從高層到普通職員，每一個人都能這樣負起責任，企業又怎能不蒸蒸日上呢？

2. 富有創造性，可以隨時、隨地啓發下屬

人們常常以爲對於人才的「選、用、留、育」是人力資源部門的事情，但實際上作爲經理人，你對下屬負有70%的教育責任。因爲人力資源部只是通常的教育，而員工的直接上司才是在對他進行最專業的教育的人。如果你只是在等人力資源部培訓你的下屬，那麼，你這個上司是肯定沒有盡到責任的。優秀企業的老總往往會花很長的時間來教育他的員工，無論是在企業的規章制度上、企業文化上、乃至思想觀念上，都無不滲透著啓發式教育。

啓發是一種需要「隨時、隨地、隨人」進行教育的方式。啓發下屬是對任何事情都要啓發，就連看到一個人不對都要啓發。但現實生活中，我們的領導總是保持沉默。

一個公司經理，有一次，他在公司看到一個祕書在寫信封，發現對方寫錯了，於是他叫所有人全部過來，講信封應該怎麼寫。因爲寫信封是有禮儀講究的，它是公司素質的體現，這正好是一個教育機會。很多事情都是需要隨時發現隨時教育的，教育的機會無處不在。花時間去教育下屬，其實是很辛苦的，但是這是辛苦在前，受益在後。很明顯，這個經理是富有創造性和善於啓發自己的下屬的，他抓住了有利的時機，對所有的

下屬都進行了啓發式教育。

有一次，我的朋友在比利時的一間小咖啡店喝咖啡，咖啡店老闆走過來告訴我：「咖啡不是這樣泡的。」於是他給我的朋友演示了一遍，而我的朋友正要喝時，他說：「不行，你最好自己重新泡一杯。」當我的這位朋友泡好時，問他對嗎？他笑著點點頭。而他端起來喝的時候，這個老闆說：「慢點兒喝，慢點兒喝。咖啡入口後，不要馬上咽下去，要用舌頭去攪拌它，再讓香氣從鼻孔裡散發出來，然後才咽下去。他照做了，那的確是最美味的咖啡。這位老闆看出我的朋友是中國人，就讓他看咖啡店門上的數字。上面寫著「1846」，這是它成立的時間。它的牆上還有很多照片，都是皇室貴族和許多國家首相來此的照片。

他們能把一個小小咖啡店的品位做成這樣，能保持這種傳統，就連一個客人喝咖啡的樣子不對，都要馬上過來教育，這也就是爲什麼它可以持續經營100多年的原因了。

經理人不要忘了，你自己具有豐富的創造性，並且啓發自己的下屬，是自己成功的一個關鍵因素。

3. 善於思考

每個人都是先有想法，再由這種想法產生一種衝動，有了衝動之後變成一種行爲，這種行爲久了就會變成一種習慣，習慣天長日久了，就形成了一種文化。

有句名言說：「許多許多的歷史才可以培養一點點傳統，許多許多的傳統，才可以培養一點點文化。」

一個經常到世界各地的朋友講到企業遵守時間的重要性時，舉了兩個例子：一次，他在日本住店，由於他的班機很早，要很早用早餐。他問服務員：「5點鐘有早餐嗎？」「4點鐘就有。」於是，他故意提早去餐廳門口守候。不到4點鐘，所有的準備工作就已經就緒，4點鐘，門準時打開，服務員和店長整齊地站在門口向他問早安。這就是做事情的習慣。還有一次，他應邀出席一個德國朋友的晚宴。請柬上寫的時間是12點03分。他很好奇，德國人可以把時間精確到分。他特意11點50分就到了，就是要看看他們的表演。12點鐘時，服務生就都已經開始把盤子托在手上了，12點03分音樂響起，宴會準時開始了。所以，他說越是世界強國，通常越遵守時間，這是一種思想、一種行爲、一種習慣。

在企業裡，很多經理人喜歡說：「不要告訴我過程，只要告訴我結果。」這句話看起來很有道理。可是經理們是在和自己的下屬一起工作，不是叫下屬們去做無謂的犧牲。如果不去扭轉和教育他們的思想，他們做事的思路和方法不對，結果不可能會好的。

因此，作爲一個上司，一定要善於思考，使自己從思想上得以改變和昇華。如果你都沒有一個好的思想，你就應該好好檢討一下了。同時對待下屬應該像對待自己的子女一樣，教育和培養他們。他們在思想上沒有進步，你就沒法指望他們可以在行動上有什麼好的結果。

4. 懂得取捨

有句話說：性格左右命運，氣度影響格局。一個人的命運好壞，其實看他的性格和氣度就知道了。作爲主管，要注意目標，而不要只關注小事情。無論是張藝謀在太廟上演的《杜蘭朵》，還是貝聿銘設計的法國羅浮宮入口，無不是大格局的作品，只有把握好大格局和總體風格，在大背景下的細節精妙之處才能體現出來。

有兩個經歷讓一個部門經理深有體會。有一次，董事長對他說：「12點一塊兒去吃飯。」此時，已是11點55分。他到了辦公室，忙了一會兒才下來，董事長的車已經發動好等他了。他表示歉意後，董事長馬上批評他說：「連吃飯都趕不上，還能幹什麼？要記住：你沒有那麼偉大，要學會放下。」還有一次，他岳父讓他回家吃飯，可回去時已經晚了一個小時。他解釋說公司很忙，他岳父說：「不要以爲你有什麼了不起，即使你離開，公司也照樣有人幹！」

通過這幾件事，他就開始學會了放下，時間一到該放下的就放下。作爲領導，眼睛要看到很遠的地方，就像游泳一樣，一邊游一邊抬起頭看目標，如果只顧著游，不看目標，不撞牆才怪。

有的領導一天到晚很忙，但忙得不正確。如果是用90％的時間，去做對生產力只有10％影響的工作，豈不是事倍功半？所以說一個成功的經理人一定要懂得有所取捨，只有捨，才能有更好的得。

經理人的工作，就是要做最重要和最緊急的事情。這些事做完了，其他的事就要放下，因爲一個人永遠不可能做完所有的事。你只要可以在每天下班時，做到問心無愧地說：「我今天最重要和最緊急的事情已經做完了。」就可以坦然地提著包回家了。因此，企業經理人要多花心思和時間在企業的目標上。如果一個領導習慣於將眼光放在小問題上，也會喪失創造力。

5. 適度冷漠，和自己的下屬保持必要的距離

美國有軍官俱樂部、士官俱樂部和士兵俱樂部這三個等級的俱樂部，爲什麼要將俱樂部分爲三個級別呢？再比如：日本企業在有類似活動時，也分爲三個層級，部長級的活動由總經理、副總參加，經理級的由主任、科長參加，業務員活動由業務代表參加。原因是什麼？東西方企業都有一點共識，就是作爲企業的領導者，必須要有個領導的樣子。你不可以整天和下屬稱兄道弟地打成一片，不可以和下屬肆無忌憚地開玩笑，不能讓自己沒有威嚴。當你的威嚴漸漸失去時，也是你縱容下屬的開始。慢慢你會發現，它將成爲你的包袱。要記住：和下屬在一起，永遠是工作關係。

如果企業要辦一個郊遊活動，對於員工來說，這是娛樂，他們可以上車就睡覺，只管享受。但對於領導來說，這就是業務，你要時刻關注此行的目的是什麼？要花多少錢？大家行程是否妥善？最後的總結會怎麼開，等等。

要保持領導的威嚴，一定要和下屬保持距離。這也很像我們中國傳統的「倫理」意識，老闆永遠是老闆，是威嚴和權力的象徵。這可以使你在需要對下屬下達任務、批評

錯誤，甚至是裁員的情況發生時，做出客觀的評價而不帶有個人的感情色彩，並且可以由於你的行事態度，更好地在下屬中樹立起威信。

女性領導性格中的不利因素

女人是感性的，男人是理性的。這話雖然有些絕對，但也不無道理。大多數的女人無論是在職場還是在情場中，感性總是多於理性的。有時，就是因爲女人的感性，所以獲得了與男人不一樣的靈感和收穫。然而，當女人不合時宜地表現出過分的感性時，亦會造成不可避免的損失。這時，是到了我們該好好管理一下自己性格的時候了。

1. 情緒容易激動

劉麗娜是一家大型企業的部門副經理，她的能力是有目共睹的，無論是工作能力，還是文字水準，均是單位一流的人才，這一點上司也是充分肯定的。平時她熱情大方，率真自然，是比較受人歡迎的。但是，成也蕭何，敗也蕭何。她的率直和不加掩飾，在職場中有時可是個大忌。

前不久，單位提拔了一個無論是資歷，還是能力和業績都不如她的女同事做部門經理。她很是生氣，平時上司就對這位女同事特別關照，什麼升職、加薪等好機會都想著她，好事幾乎都讓她承包了，眼看著處處不如自己的同事，一年之內竟然被「破格」提拔了三次，可自己的業績明明高出她好幾倍，可上司好像視而不見，只是一個勁地讓她好好工作，而好機會總沒她什麼事。這次，她眞的惱了，她義憤塡膺地跑到上司的辦公室去「質問」，並義正詞嚴地與上司「理論」起來，可上司那兒早已準備了一些冠冕堂皇的理由，儘管這樣，上司還是被她搞得非常狼狽。

從這以後，她的情緒一度受到影響，還因此備受冷落，同事也不敢輕易地同她說話了。她很難受，又氣又窩火，怎麼也想不通自己工作幹了一大堆，領導安排的工作也能高標準地完成，可爲什麼總是費力不討好呢？看看那位女同事，也沒幹出什麼出色的成績，可人家不慌不忙的總是好事不斷。

經過分析，雖然原因是多方面的，但最主要的一條就是她犯了職場中的大忌，太情緒化了。碰到事情和問題很少多想個爲什麼，只憑著感覺和情緒辦事，只想幹好工作，用業績說話，在爲人處世上太缺乏技巧了，常常費力不討好。她也想讓自己「老練」和

「成熟」起來，然而一碰到讓人惱火的事情，她就是控制不住自己的情緒，儘管事後覺得不值，但當時就是不能冷靜下來。

對於像劉麗娜這樣情緒容易激動的人，建議——

(1)遇到事情和問題先別急，要冷靜思考，領導之所以信任和提拔這位同事，她一定有讓領導認可的能力。

(2)碰到惱人的事情，先不要發火，拼命讓自己安靜下來，然後再做決定。

(3)一定要學會制怒，有些事情一旦爆發，事後是無法彌補的。

(4)不要苛求什麼，學會緩解和釋放壓力，調整好心態，心平氣和地做人做事。

2. 太在意別人的看法

工作中，許美華認眞負責，反應迅速，有毅力，有思路，這都是職業女性必備的要素。她的工作成績突出，業績驕人，上司和同事是有目共睹的。然而，她有個最大的弱點，就是太看重別人的看法和反映，在考慮問題時不夠理智客觀，顧慮太多，考慮別人太多，如果看到別人臉色不好看時，無論是上司還是下屬，她都能夠迅速做出反應，解釋爲什麼要這樣做，把自己清清楚楚地暴露給別人。

其實，有些事情是無需解釋的。這樣，反將本來挺簡單的事情辦得複雜了。後來，單位調整了幾次幹部，提拔了幾名職員，也都沒有她的份。理由是她太看重別人的看法了，缺乏主見，一個連自己性格都管理不好的人，如何去管理下屬呢？

對於許美華這樣太在意別人看法的人的建議——

(1)無論做什麼事，都不要急於表態，某些時候沉默依然是金。

(2)考慮事情要從大局出發，對上不卑不亢，對下恩威並重，並且敢於有技巧地說「不」。

(3)培養自信心和綜合能力，努力提高處理各種複雜問題的能力。

3. 容易有優越感

小雲可以說是幸運的寵兒，美麗聰明的她一直是異性追逐的對象。也許是從小就被寵壞的原因，她天生就有一種優越感。的確，無論在相貌上還是業務上她都是佼佼者。但她卻很少有朋友，特別在公司裡，同事們表面上對她笑臉相迎，但實際上都敬而遠之。因爲，她的光環太耀眼，別人同她在一起會感到一種壓力和不自在。

偏偏小雲也自恃自己有才有貌，一股從內心裡透出來的優越感，使她說話時都會有種盛氣凌人的樣子，而且還習慣以自我為中心，讓同她相處的人感到格外地不舒服。本來她的優勢就很讓人嫉妒了，可她不懂得如何保護好自己，還是我行我素獨來獨往，像個孤家寡人，顯得挺沒人緣的。後來，她也意識到這點，就主動靠近大家，然而，她多年養成的習慣很難改變，做得總是那麼不自然，反而適得其反。小雲也是很苦惱的，但就是找不到解決的辦法。

對於小雲這種容易有優越感的人的建議——

(1)努力溝通。溝通是女人的天性，在碰到問題時，一定要想法進行交流，不然問題會越積越深。

(2)修煉自己的性格。性格除了天生之外，後天的培養也很重要，修煉好性格會帶來好運氣。

(3)多學習多讀書。溝通和相處是需要技巧的，只有掌握更多的知識，才能運用不同方式、方法，與不同的人進行溝通交流。

4. 工作中容易混淆私人情感

蓉是個聰慧的氣質型女子，然而聰明的女子在感情的問題上有時也會犯很「低級」

的錯誤。她也不知道怎麼就愛上了上司，這並不是她的本意，儘管她發現上司有這種傾向時，也多了幾分戒備和警惕，但就是不知道爲什麼就按照他的思路去做了。當她發現自己眞的愛上上司時，便不斷地提醒自己保持頭腦清醒，像以前一樣工作，包括與他相處。但她沒想到女人一旦愛上誰，智商會如此低下，連自己都嚇了一跳。

過去，蓉處理問題理智冷靜，很難讓人找出破綻。但自從與上司有了曖昧感覺後，她碰到不如意的事情很難再用理智和智慧處理問題，總是用比較直接的方式或憑心情辦事。不高興時，對上司也是橫眉冷對。那次，公司裡有個出國的機會，她覺得這個名額上司一定會想到她的，結果卻出乎意料，這個名額給了公關部的小劉。她一得到消息，當時就火冒三丈，也沒讓自己冷靜下來就去問上司。上司聽明來意，也不耐煩了：「出國名額不是哪個人決定的，而是公司研究決定的，希望你在工作中不要這樣情緒化。」上司一板臉，蓉頓覺自己受了委屈，更加氣惱了。上司開始對她越來越疏遠，這時她才如夢初醒。

對於像蓉女士這種在工作中容易混淆私人情感的人的建議——

⑴把溫柔當成有力的武器。溫柔是女人的生存原則，在辦公室要溫和、有女人味，但不要歇斯底里的情緒化。

(2)學會融合。職場是個把自己的才智貢獻出去，讓別人信任和依靠的場所，融合與被融合是最重要的。

(3)培養優秀、睿智的品性。職場中有種看不見的「收入」，比如升職、加薪、出國等。收入的決定權往往掌握在男上司的手裡，這種實力加寵愛的收入，往往會落到那些睿智的優秀女職員手中。

(4)管理好自己的性格。「慧中」之後的「秀外」才能長久，才能眞正讓人賞心悅目。女管理者要管好自己的性格。

第三章

好性格，好職業

職業發展的一般常識

職業發展主要包括以下內容——

1. 什麼是職業？

職業是指從業人員爲獲得主要生活來源，而從事的社會性的工作類別。

職業必須同時具有以下特徵：

(1)**目的性**：職業以獲得現金或實物等報酬爲目的。

(2)**社會性**：職業是從業人員在特定社會生活環境中，所從事的一種與其他社會成員相互關聯、相互服務的社會活動。

(3)**穩定性**：職業在一定的時期內形成，具有較長的生命週期。

(4)**規範性**：職業必須符合國家法律和社會道德規範。

(5)**群體性**：職業必須具有一定的從業人數。

2. 什麼是職業定位？

美國麻省理工學院人才教授認爲，根據職業定位，人可以分爲以下五類：

1．創造型

這類人有強烈的欲望創造完全屬於自己的東西，包括以自己名字命名的產品或工藝，或是自己的公司，或是能反映個人成就的私人財產。他們認爲只有這些實實在在的物質，才能體現自己的才幹。

2．管理型

這類人有強烈的管理願望，假如經驗也告訴他們自己有這個管理和領導能力，他們往往將職業目標定爲有相當大職責的管理崗位。成爲高層管理人員需要三個方面的能力：一、溝通能力：影響、監督、領導、應對與控制各級人員的能力；二、判斷能力：在資訊不充分或情況不確定時，判斷、分析、解決問題的能力；三、自控能力：在面對危急情況時，不慌張、不沮喪、不氣餒，能夠很好地控制自己的情緒，並且有能力承擔重大的責任。

3．技術型

以此爲職業定位的人由於自身性格所決定以及愛好考慮，往往並不喜歡從事管理工作，而是願意在自己所處的專業技術領域發展。過去我們的社會並不培養專業經理，而是經常將技術上出衆的科技人才提拔到領導崗位，但是他們本人往往並不喜歡做領導，更希望能繼續從事自己的技術工作。

4．自由獨立型

有些人喜歡獨立做些事情，不喜歡在大公司裡身受束縛。很多有相當高的技術型職業定位的人也屬於此種類型，但是他們又不同於那些簡單技術型定位的人，因爲他們往往並不願意在組織中發展，而是寧願獨立從業，或是與他人合夥開業，或是做一名諮詢人員。很多自由獨立型的人會成爲自由職業人，或是開一家小的零售店。

5．安全型

有些人最在乎的是職業能否長期穩定。這些人會在安定的工作、可觀的收入、優越的福利，與養老制度等上面付出很大努力。到目前絕大多數的人都還在這一職業定位層次上，但是並非都是出於人的本意，要知道，在一定程度上，這是由社會發展水準決定的。隨著社會的進步，選擇這種職業定位的人將越來越少。

爲了更好地明確自己的職業定位，可以嘗試以下方法：首先仔細思考以下問題，拿出一張紙，將你的回答要點記錄在紙上，然後根據上面五類職業定位的解釋，確定你的主導職業定位。

(1)你在中學、大學時投入最多精力的分別是哪些方面？

(2)你畢業後第一個工作是什麼，你希望能從中獲取什麼呢？

(3)你開始工作時的長期目標是什麼，有無改變，爲什麼？

(4)你後來換過工作沒有，爲什麼？

(5)工作中哪些情況下，你最喜歡和最不喜歡？

(6)你是否回絕過調動或提升，爲什麼？

以上五類職業定位分類並沒有好壞之分，之所以將其提出是爲了幫助大家更好地認識自己，並據此重新思考自己的職業生涯，設定切實可行的目標。

3. 什麼是職業規劃十大要素？

1．要有責任心

無論你現在或將來從事什麼職業，一定要記住對職業要負責。就像一名牙科醫生對他醫治的患者要負責那樣，你一定要有一顆敬業心，恪守職業道德，兢兢業業，不要怕承擔重負。

2．要培養和諧融洽的人際關係

切記和諧融洽的人際關係非常重要。實踐證明與同事間人事關係融洽，將使工作效率倍增。

3．要優化你的交際技能

優良的交際技能可為你謀職就業提高成功機率。如美國矽谷科園區的許多高技術公司，在聘人時不僅考察技術，同時還考察受聘者的交際技能，成功受聘者的做法是在聽對方說話時，要認眞努力去理解對方話語含義，此後再解釋自己的有關見解。

4．要善於發現變化並適應變化

不管周圍環境及你人生某一階段出現何樣的變化，你都應該善於發現其中的各種機遇並駕馭這些機遇。例如，在網際網路上經營商務，這是一種時代變化，同時對你也可能是一種機遇，不管你是否從事網路商務，面對此時代新生事物，你都應該認同它是當今世界上最有功效的事物，而且是具有變化的未來趨勢，不管這種變化是好還是壞，你都要認眞審視認眞預測，因為你目前或將來從事的職業可能與此密切相關，各種機遇可能正包含在其中。

5．要靈活

未來時代的工作者們可能必須要經常轉換職業角色，這就是說你要善於靈活地從一個角色迅速轉換到另一個角色，方能適應時代環境的變化。

這些像做父母的人一樣，他（她）必須善於在啓蒙子女、撫育子女、教育子女等各階段，充當各種不同角色，而這種角色的一一變更確實需要做父母的具有極高靈活性相助才行。因爲你所要充當的一個個不同的角色，既需要一一相續地接連轉換，又缺少有「指路地圖」爲你「指點迷津」。

做父母的人操作此過程往往靠的是一種直覺相助，而在你未來人生職業角色的屢屢轉換中欲取得成功，則必須學會學好「靈活」才行，非如此不可！一個不會變通不懂靈活轉換角色的人，往往會走入死胡同。

6．要善於學用新技術

或許你想當一名作家，但在當今時代作家欲獲成功，也必須不斷學用並掌握新技術技能才行，比如作家必須同時成爲一名電腦文字處理員才能獲得成功。

7．要捨得花錢花時間學習各種指南性知識簡介

目前各大學、社會研究機構、其他組織開辦了各式各樣的實用性半日、一日或二日

即可學完的知識簡介科目，這些科目你可試學，若試學後覺得自我感覺良好，或試學後大有實用價值，那麼不妨再深入學習下去……這類指南性知識簡介科目的試學，可能是預探新領域內「水深度」的最簡便易行之方法。

8・摒棄各種錯誤觀念

當你考慮某新職業或新產業時，觀念一定要更新，以防被錯誤思維誤導。例如，現今考慮醫療保健行業時，應清醒地認識到它已走向了市場化、價值化，這與五年前的醫療保健截然兩樣。

9・選擇就業單位時事前應多做摸底研究

當你欲加盟一家公司前，多下點力氣去研究這家公司的「風格」和「行爲」，堪稱十分必要和重要，你不妨事先多去幾次這家的門廳接待處同有關接待人員周旋，目的是側面了解該公司的規範、行爲、準則等事項；你也可閱讀有關該公司的公開財務報表；你還可到鄰近該公司的餐館向服務人員，側面了解一些有關該公司職員們的情況（例如，這些職員屬哪種性格、類型的人）。

10・要不斷開拓進取、不斷開發新技能

一個複合的社會將不僅需要專業化知識，同時還需要通用化及靈活式的技能。一名專業工作者若能借助於專業知識及通用技能綜合武裝自己，才更能適應未來年代的挑戰和競爭。

換句話說，爲你未來職業考慮，你絕不應只「低頭拉車」，專心研究某一種專業知識；同時還應「抬頭看路」，看看這種專業知識在未來社會是否還將爲人們所需求。一般說來，以長遠眼光看問題，多掌握幾種技能要比只精通一門狹窄專業知識更有前景。

運用性格的力量在競爭中取勝

人與人之間有著很大的區別，有人樂意幹事務性的工作，而有的人對資訊加工與處理非常擅長，還有的人熱中於人與人之間的溝通和交流。這就是人的性格偏好所起的作用。因此，性格可能會讓你在一種職業環境中獲得成功，但也可能會在另一種職業環境中卻大受挫折。

性格是一個複雜、動態的混合體，由遺傳、後天累積的經驗、與周圍環境的相互作用，以及有意識和潛意識構成。不少人認爲自己是一個多種類型混合成的矛盾體，但是專家認爲「萬變不離其宗」，你一定是以「本我」爲核心的，也就是每個人的個性中一直保留著恒定的偏好，無論時間如何流動，它們都保持著本質的穩定。

性格偏好，意味著你以某種方式做事的天生愛好。就像你的左右手。你每天都要使用自己的兩隻手，但出於本能，你一定偏好使用其中的一個，因爲它能更加自如、更充分地發揮和協調它的功能。當然，你也可以用不很擅長書寫的那隻手寫字，但你會感到彆扭、費力，而且寫出來的字也不如另外一隻手。

如果你發現自己處在不適宜的管理職位上，或者認爲某個職業不適合自己，通常是因爲職業角色的要求，和你的個性偏好不相匹配。爲了有效行使職能或做好這份工作，你常常會改變自己已定型的性格定位，這便帶來了焦慮和緊張。

舉例說，一個內向的人需要在一個大型演講會上發表演說，或者一個急脾氣的人要扮演員工關係協調者的角色，這都會讓他們感到緊張或將工作搞砸。由於性格偏好與職業角色的要求不協調，個人潛能便不能有效發揮，工作上的表現自然不如人意。

由此看來，性格與職業的選擇、成功有著密切的關係。如果你能辨別自己的性格偏好，並力圖使之和職業角色的要求相互匹配起來，那麼你一定會在工作中保持和加強你的優勢，控制和減少你的劣勢，職業表現肯定強於別人！

如果你想取得職業的成功，首先要理解、認清自己的性格偏好；其次是明確在哪種環境下工作，你能最大限度地發揮自己的個性優勢；從事什麼類型的工作，能讓你的「本我」個性與職業個性融爲一體……

假設你是位出色的銷售經理，具有隨和、易與人交往、工作努力等特點。由於工作表現出衆，被公司提升爲高級行銷經理，每天面對的工作也從原來的銷售隊伍管理、客戶拜訪轉變爲區域資料分析、市場調研計畫和廣告促銷活動策劃等。同事和朋友很羨慕你的新職位，但你卻可能感到新工作非常枯燥，而寧願走訪客戶。

出現這種情況，顯然是公司和你都沒能弄清銷售人員和行銷人員，是兩種截然不同的職業，角色的要求存在著很大的差異。

從專業角度而言，行銷經理的任務是從公司長遠的行銷戰略出發，尋找、確定市場機會，制定行銷策略、規劃和組織新產品或服務上市，確保銷售活動達到預定的目標；而銷售人員則是負責實施新產品進入市場和促進、維持銷售活動。因此，行銷人員大多具有以資料爲導向的個性偏好，擅長規劃遠景藍圖，善於洞悉客戶需求與行爲間的關係，但銷售人員的缺點是短期行爲多，無整體戰略性和缺乏整體分析能力。儘管相當部分的行銷人員來自於銷售隊伍，但不是所有的銷售人員都能勝任行銷人員的職業角色。

其實，在不少領域裡你我往往缺少天分，毫無才幹及能力，連勉強完成某項任務都不容易，這時，你就應該避免選擇這些領域內的工作。對於無能為力的領域，還是不再徒耗心力為好，畢竟從「毫無能力」進步到「馬馬虎虎」，要耗費的時間與精力，遠比從「表現突出」到「卓越境界」所需的多得多！

性格外向的人樂於與人交往，喜歡與其他人互相交流，他們善於言談，在職業中能夠充分利用其人際交往的能力；另外，他們以行動為導向，樂於在公眾場合表現自我。如果讓他們花時間獨處，或者獨自完成工作，很快會變得疲憊不堪、煩躁不安和精神沮喪。而內向的人，則沉靜、保守，喜歡獨自工作，一次只能關注一件事。

因此，性格外向的人可以勝任銷售經理、客戶服務、公共關係、演員等工作，而內向型人群則很難滿足這類職業角色的基本要求。

總之，性格與職業成敗有著密切的關係。理解、認清自己的性格偏好，找出自身的優點、缺點，並且學會在工作中揚長避短，才能促使自己在職業競爭中表現卓越。

你有怎樣的職業性格

性格活潑的人，適合有挑戰性的工作；性格內向的人，適合穩定的工作；有的人適合與物打交道；有的則擅長與人打交道。造物者給了人類千千萬萬種性格，其中也含有一定的共性。按照這種共性分類分析，你能找到你最合適的工作。

判斷自己的職業性格，才能正確選擇職業生涯的大方向，這可以說是應聘的第一步，也是最關鍵的開頭。如果不清楚自己的職業性格而導致找到一份不合適、不喜歡的工作，那將影響你的職業道路的進程；而如果等到你發現目前的工作不適合、不喜歡，再圖跳槽大計，那就走了一大段彎路。

如果你永遠不以自己的職業性格作爲選擇職業的準繩，那勢必永遠在跳槽再跳槽中惡性循環……這將對你的職業生涯發展起負面影響。

對於性格來說，它作爲人的一種心理特性具有一定的穩定性，但又不是一成不變的，客觀環境的變化和個人的主觀調節都會使性格發生改變，所以性格與職業生涯的順應也並非絕對，而是具有一定彈性的。

1. 你好我好大家好

【測試】你的性格適合哪些工作範圍內的職業

下面一系列問題有助於你分析自己的性格，請按自己當前工作的真實情況，在「是」或「否」相對的字母上畫圈，每題只能畫一個圈，不能多圈，也不能漏圈。

第一類：人

選擇「是」或者「否」。	是	否
1．你在做出決定前是否常常考慮到別人的意見。	A	C
2．你願意處理統計資料。	C	A
3．你總是毫不猶豫地幫助別人解決問題。	A	C
4．你常常忘記東西放在哪兒。	B	C
5．你很少能通過討論說服別人。	C	B
6．大多數人認為你可以忍辱負重。	C	A

7·在陌生人中你常感到不安。 C B

8·你很少吹噓自己的成就。 A C

9·你對世事感到厭倦。 B C

10·你參加一項活動的主要目的是取勝（表現自己）。 C A

11·你容易被大多數人所動搖。 C B

12·你做出選擇後就會按照你的辦法去做。 C A

13·你的工作成功與否，對你很重要。 B C

14·你喜歡既需要大量體力又需要腦力的工作。 B C

15·你常問自己真正的感受如何。 A C

16·你相信那些使你心煩意亂的人，他們心裡有數。 C B

計數（不計算答案C），每選擇一個得1分。

A得分（　），照顧人；

B得分（　），影響於人；

A和B總分（　）。

第二類：程式與系統

選擇「是」或者「否」。

1．你喜歡清潔。

2．你對大多數事情都能迅速做出結論。

3．經過核對總和運用過的決議最值得遵循。

4．你對別人的問題不感興趣。

5．你很少對別人的話提出疑問。

6．你並不總是能遵守時間。

7．你在各種社交場合下都感到坦然。

8．你做事總願意先考慮後果。

9．你覺得在限定的時間內，迅速地完成一件事很有趣。

10．你喜歡接受緊張的新任務。

11．你的論點通常可信。

12．你不善於查對細節。

13．明確、獨到的見解，對你是很重要的。

	1	2	3	4	5	6	7	8	9	10	11	12	13
是	A	C	A	B	C	C	C	A	B	C	C	C	B
否	C	A	C	C	B	A	B	C	C	A	B	A	C

14・人多的話，會約束你的自我表達。	B	C
15・你總是努力完成開始的事情。	A	C
16・大自然的美，常使你震驚。	C	B

計數（不計算答案C），每選擇一個得1分。

A得分（　），語言；

B得分（　），財政金融/資料處理；

A和B總分（　）。

第三類：交際與藝術

選擇「是」與「否」。

	是	否
1・你喜歡在電視節目中扮演角色。	A	C
2・你有時難以正確表達自己的意思。	C	A
3・你覺得你能寫短篇故事。	A	C
4・你能為新的設計提供藍圖。	B	C
5・關於藝術你所知甚少。	C	B

6・你願意做實際工作，而不願讀書或寫作。
7・很少留意服裝設計。
8・你喜歡同別人談他們的見解。
9・你滿腦子獨創思想。
10・你發現大多數小說很無聊。
11・你特別不具備創造力。
12・你是個實實在在的人。
13・你願意將你的照片、圖畫拿給別人看。
14・你能設計有直觀效果的東西。
15・你喜歡翻譯外文。
16・不落俗套的人，使你感到很不舒適。
計數（不包括答案C），每選擇一個得1分。
A得分（　），文學、語言、傳播；
B得分（　），視覺藝術與設計；
A和B總分（　）。

C	C	A	B	C	C	C	B	B	A	C
A	B	C	C	A	B	A	C	C	C	B

第四類：科學與工程

選擇「是」或者「否」。

1．辯論中，你善於抓住別人的弱點。
2．你幾乎總是自由地做出決定。
3．想個新主意對你來說不成問題。
4．你不善於令別人相信。
5．你喜歡事前將事情準備好。
6．抽象地想像有助於解決問題。
7．你不善於修補。
8．你喜歡談不可能發生的事。
9．別人對你的談論不會使你難受。
10．你主要靠直覺和個人感情解決問題。
11．你辦事有時會半途而廢。
12．你不隱藏自己的情緒。
13．你發現解決實際問題很容易。

是 A C A B C C C A B C A C B

否 C A C C B A B C C A C A C

14．傳統方法通常是最好的。　B　C

15．你珍惜你的獨立。　A　C

16．你喜歡讀古典文學。　C　B

計數（不計算答案C），每選擇一個得1分。

A得分（　　），研究；

B得分（　　），實際；

A和B總分（　　）。

請計算出各部分的A得分、B得分與A和B的總分。

總分在0～4分：表明這一工作不能滿足你的性格所求；

5～10分：表明一般；

10分以上，表明這一類型的工作最適合你，能滿足你的性格需求。

最後，根據A和B的得分多少，來確定工作範圍內的具體職業。

第一類：人

在這一大類中：如果A得分高於B，則說明你更善於照顧人，應該在醫務工作、福利事業或教育事業中尋找職業，如醫生、健康顧問、社會工作者、教師等。

如果B得分高於A，則表明你更能影響他人，對軍事、商業或者管理方面會感到得心應手，例如員警、軍人、安全警衛、市場經理、貿易代理、市場研究者等。

第二類：程式與系統

在這一大類中：如果A得分高於B，表明你適合做行政管理、法律等與言語有關的工作，例如：辦公室主任、人事管理、公司祕書、律師、圖書館員、檔案員、書記員等等。

如果B得分高於A，那麼你更適合做金融和資料處理工作，包括會計、銀行、出納、金融、保險、電腦程式，和系統分析方面的工作。

第三類：交際與藝術

在這一大類中：如果A得分高於B，表明你適合做新聞、文學和語言工作，如記者、翻譯、電臺或電視臺工作人員、公共事業管理員。

如果B得分高於A，表明你更適宜於從事設計和藝術工作，如圖案設計員、製圖員、建築師、室內裝修設計師、劇場設計、時裝設計、攝影師等。

第四類：科學與工程

這一大類的工作可分爲研究與實際工作。如果A得分高，則適於從事前類工作，如生物學家、物理學家、化學家等。

如果B得分高則適於從事後類工作，如機械工程師和土木工程師等。A和B不能絕對分開。

每個人的性格都有積極和消極兩個方面，通過測量、分析，有利於克服消極的性格品質，發揚積極的性格品質。

例如，有的人在工作中積極熱情、樂於助人、好出頭露面，但做事持久性不長，常表現得虎頭蛇尾，這種人應該注意培養自己克服困難的決心和信心，鍛鍊自己的堅持性和持久性的品格意志；又如，有的人辦事熱情高、拼勁足、速度快，但有時馬馬虎虎，甚至遇事就著急，性情暴烈，這種人應該在發揚其性格長處的同時，注意培養認眞細緻的精神，防止急躁情緒，要隨時「制怒」；有的人做事深沉、認眞、嚴謹，但有時優柔寡斷、辦事拖拉，這種人必須經常提醒自己——「今天的事今天完成」，並逐步養成當機立斷的性格。

2. 你的職業性格類型是否符合你的性格特點

在職業心理中，性格影響著一個人對職業的適應性，一定的性格適於從事一定的職業；同時，不同的職業對人有不同的性格要求。因此，在考慮或選擇時，不光要考慮自己的職業興趣，還要考慮自己的職業性格特點。

下面的測驗根據人的職業性格特點和職業對人的性格要求兩方面來劃分類型，每一種職業都與其中的幾種性格類型相關。

根據自己的實際情況，對下面的問題做出回答，並在每一組的括弧中填寫回答「是」的次數。

第一組

(1)喜歡內容經常變化的活動或工作情景。

(2)喜歡參加新穎的活動。

(3)喜歡提出新的活動並付諸行動。

(4)不喜歡預先對活動或工作做出明確而細緻的計畫。

(5)討厭需要耐心、細緻的工作。

(6)能夠很快適應新環境。

第一組總計次數（　　）

第二組

(1)當注意力集中於一件事時，別的事很難使我分心。

(2)在做事情的時候，不喜歡受到出乎意料的干擾。

(3)生活有規律，很少違反作息制度。

(4)按照一個設好的工作模式來做事情。

(5)能夠長時間做枯燥、單調的工作。

第二組總計次數（　　）

第三組

(1)喜歡按照別人的指示辦事，但需要負責任。

(2)在按別人指示做事時，自己不考慮為什麼要做這些事，只是完成任務就算。

(3)喜歡讓別人來檢查工作。

(4)在工作上聽從指揮，不喜歡自己做出決定。

(5)工作時喜歡別人把任務的要求講得明確而細緻。

(6)喜歡一絲不苟按計畫做事情，直到得到一個圓滿的結果。

第三組總計次數（　　）

第四組

(1)喜歡對自己的工作獨立做出計畫。

(2)能處理和安排突然發生的事情。

(3)能對將要發生的事情負起責任。

(4)喜歡在緊急情況下果斷做出決定。

(5)善於動腦筋，出主意，想辦法。

(6)通常情況下對學習、活動有信心。

第四組總計次數（　　）

第五組

(1)喜歡與新朋友相識和一起工作。

(2)喜歡在幾乎沒有個人祕密的場所工作。

(3)試圖忠實於別人且與別人友好。

(4)喜歡與人互通資訊，交流思想。

(5)喜歡參加集體活動，努力完成所分給的任務。

第五組總計次數（　）

第六組

(1)理解問題總比別人快。

(2)試圖使別人相信你的觀點。

(3)善於通過談話或書信來說服別人。

(4)善於使別人按你的想法來做事情。

(5)試圖讓一些自信心差的同學振作起來。

(6)試圖在一場爭論中獲勝。

第六組總計次數（　）

第七組

(1)你能做到臨危不懼嗎？

(2)你能做到臨場不慌嗎？

(3)你能做到知難而退嗎？

(4)你能冷靜處理好突然發生的事故嗎？

(5)遇到偶然事故可能傷及他人時，你能果斷採取措施嗎？
(6)你是一個機智靈活、反應敏捷的人嗎？

第七組總計次數（　　）

第八組

(1)喜歡表達自己的觀點和感情。
(2)做一件事情時，很少考慮它的利弊得失。
(3)喜歡討論對一部電影或一本書的感情。
(4)在陌生場合不感到拘謹和緊張。
(5)相信自己的判斷，不喜歡模仿別人。
(6)很喜歡參加學校的各種活動。

第八組總計次數（　　）

第九組

(1)工作細緻而努力，試圖將事情完成得盡善盡美。
(2)對學習和工作抱認真嚴謹、始終一貫的態度。
(3)喜歡花很長時間集中於一件事情的細小問題。

(4)善於觀察事物的細節。
(5)無論填什麼表格態度都非常認真。
(6)做事情力求穩妥，不做無把握的事情。

第九組總計次數（　）

統計和確定你的職業性格類型：

根據每組回答「是」的總次數，填入下表：

組別	回答「是」的次數	相應的職業性格
第一組	（　）	變化型
第二組	（　）	重複型
第三組	（　）	服從型
第四組	（　）	獨立型
第五組	（　）	協作型
第六組	（　）	勸服型
第七組	（　）	機智型
第八組	（　）	好表現型
第九組	（　）	嚴謹型

選擇「是」次數越多，則相應的職業性格類型越接近你的性格特點；選擇「不」的次數越多，則相應性格類型越不符合你的性格特點。

各類職業性格的特點

(1)**變化型**：這些人在新的和意外的活動或工作環境中感到愉快。喜歡經常變化職務的工作。他們追求多樣化的活動，善於轉移注意力和工作環境。適合從事的職業類型有：記者、推銷員、演員等。

(2)**重複型**：這些人喜歡連續不停地從事同樣的工作，喜歡按照機械的或別人安排好的計畫或進度辦事，喜歡重複的、有規則的、有標準的職業。適合從事的職業類型有：印刷工、紡織工、機床工、電影放映員等。

(3)**服從型**：這些人喜歡按別人的指示辦事，不願自己獨立做出決策，而喜歡讓他人對自己的工作負責。適合從事的職業有：辦公室職員、祕書、翻譯等。

(4)**獨立型**：這些人喜歡計畫自己的活動和指導別人的活動。在獨立的和負有職責的工作環境中感到愉快，喜歡對將要發生的事情做出決定。適合從事的職業類型有：管理人員、律師、員警、偵察員等。

(5)**協作型**：這些人在與人協同工作時感到愉快，想得到同事們的喜歡。適合從事的職業類型有：社會工作者、諮詢人員等。

(6)**勸服型**：這些人喜歡設法使別人同意他們的觀點，這一般通過談話或寫作來達到目的。對於別人的反應有較強的判斷力，且善於影響他人的態度、觀點和判斷。適合從事的職業類型有：輔導人員、行政人員、宣傳工作者、作家等。

(7)**機智型**：這些人在緊張和危險的情境下能很好地執行任務，在危險的狀況下能自我控制和鎮定自如，能出色地完成任務。適合從事的職業類型有：駕駛員、飛行員、警察、消防員、救生員等。

(8)**好表現型**：這些人喜歡能夠表現自己的愛好和個性的工作環境。適合從事的職業類型有：演員、詩人、音樂家、畫家等。

(9)**嚴謹型**：這些人喜歡注重細節，按一套規則和步驟將工作盡可能做得完美。傾向於嚴格、努力地工作，以便能看到自己付出努力後完成的工作效果。適合從事的職業類型有：會計、出納員、統計員、校對員、圖書檔案管理員、打字員等。

你的性格適合何種職業

在現今的職場中，因「性格與職業」的選擇發生錯位而導致職業的失敗，已逐漸成為職場人士面臨的越來越嚴峻的問題。性格並無好壞之分，但性格類型與職業類型的匹配度，卻決定了事業的成功與否。究竟怎樣才能讓你的「個性」為你的職業發展，做一個最佳的導航者？首先就是要正確測定自己的個性，了解「性格與職業定位」之間究竟有著怎樣的關聯。

1. 了解自己的性格

性格決定著職業發展的長遠。職業發展規劃是與職業氣質、能力、興趣、潛力、價值觀、理念等因素相關聯的，性格若能與工作相匹配，工作中更能得心應手、輕鬆愉快、富有成就。反之，則會不適應、困難重重，給個人的發展和組織造成影響。另外，若要想勝任工作，還需要更專業的知識、技能、興趣、價值觀，以及理念等因素加以支撐，因此先借助科學手段了解自己的性格類型，更有利於進行準確的職業定位。

2. 做好前期規劃

職場中還有很多人邊工作邊抱怨「現在的工作不是自己喜歡的」，從而懷疑自己選錯了職業入錯了行。這主要是因爲在工作初期未做好職業規劃，因此不要太急於轉行或轉換職業。只有當性格與職業相匹配，並有能力相支撐時，才能實現自身價值最大化。

建議大家在面對這樣的情況時，先進行一個自我審視評估、性格測評，了解自己的職業氣質、能力，分析自己的優劣勢，結合自己的教育背景、工作經驗，在職業諮詢師的諮詢指導下，進行職業生涯的發展規劃。

或者知道「自己要做什麼？」以及「自己能做什麼？」結合自己的價值觀和理念，進行一個職業目標的設定以及策劃，並進行回饋評估，不斷調整自己的方法，完善自己的職業生涯規劃。

3. 內向外向性格與職業選擇

(一) 內向型人與職業選擇

內向型人，適合以物（書類、機器類、動植物、自然等）爲對象，扎扎實實從事的職業。一個人幹的職業是最適合的，如果有好幾個人，但相互間沒有交叉關係，而是平行作業的職種的話，也相當適合。

特別是對於需要耐心的工作，這一類型的人，更能發揮特長。外向型的人很快就厭煩、放棄的工作，他們卻能做得很好。要求周密、細緻的工作、規則的工作、單純反覆的工作，都適合內向型的人。具體來說，適合內向型的工作，有學者、研究者、技師、書記、會計、電腦操作者、文書和管理員，等等。

以複雜的人際關係爲主，或是和世間繁雜有相當關聯的職業，不適合這類型的人。譬如說他們適合做個優秀的經濟學者，但不適合擔任公司經營者，也不適合做服務業。

但是，內向型的人由於具備了誠實、嚴謹、忠厚、有耐心等優點，有時在人際關係複雜的工作上，也能出奇制勝。

性格內向的人，在找工作中尤其是面試的時候，應該注意些什麼呢？任何工作都免不了與人溝通，內向型性格的人同樣不可避免。關鍵是要選擇一份適合自己的工作，而且在面試時要表現出能夠做好這份工作的信心和實力。需要注意的是，一定要提前了解一下所應聘公司的企業文化，以便讓自己在言談舉止各個方面更好地接近這種文化。

作爲內向型的職業人，有必要刻意鍛鍊一下自己的交際能力嗎？首先從職業發展的角度看，性格與職業「匹配」是最佳選擇。但目前，隨著社會開放度的日益加大，完全悶頭幹活的崗位已越來越少，適當鍛鍊一下自己的性格會對自己未來的職業發展有很大幫助。俗話說：「人在職場身不由己」，所以，無論什麼工作，有更好的溝通技巧，工作起來就會更容易。當然，內向的人如要堅持鍛鍊自己的待人接物能力，還需付出比一般人更多的努力。

（二）外向型人與職業選擇

在求職中，外向性格是不是比內向性格略勝一籌？這要按個人的求職目標而定，如果那個職位需要的求職者是安靜、謹愼、細緻的，那麼性格內向的人勝算就更大一點。

而如果職位要求外向、善於與人打交道、具有領導能力等，那外向型人的勝算自然要大一些。性格本身並無好壞，而是要看與職位的契合度究竟怎樣。

一般而言，外向型的人適合集體工作的職業，如公務員、公司職員等，廣義的薪水階級生活，大致都適合於外向型的人。

不過，說是「薪水階級」也未免失之廣泛。裡面也包括了不必和人接觸、關在辦公室裡辦公的職業，這種工作就不太適合外向型的人從事。另外，記錄、記賬、資料整理、機器類操作、實驗、觀察等，這類較枯燥又必須從事的工作，也是不適合的。

總之，外向型的人比較適合和周圍的人同心協力的工作，最適合對人接觸頻繁的工作。薪水階級工作中，以及和交涉、談判有關的工作，服務部門的工作、銷售部門的工作最合適。傑出的公關人員，大多都是這種類型的人。

除了做一般薪水階級工作之外，外向型人也適合做宣傳人員和教育者。如果有卓越領導能力的話，也適合當指揮者、監督者以及領導別人的上司，其中也不乏成功的實業家及政治家。

一般來說，開朗的人適合的工作很多，可以說在什麼地方都能找到樂趣。基本從銷售、市場策劃到管理，都需要開朗的人來主持。開朗作為人的一種處世心態，對職業有很大幫助。而且開朗不代表沒心機，一個人完全可以生性開朗，卻還有很高的洞察力和高明的謀略。

實際工作中，很多性格開朗的人也未必就一定喜歡自己所從事的工作。性格與行業從宏觀角度講聯繫並不密切，而性格與職業卻有著根本性的聯繫。但人在性格基礎上接受的教育不同，人生觀亦不同，所以基於性格的興趣、愛好也就不同，或多或少會受環境的影響。生性開朗的人也未必就一定會喜歡自己所從事的工作。如果在同行業內換個環境或職業類型，那麼也許會慢慢喜歡上這份工作。但如果一時沒有滿意的工作，也可以嘗試一下其他行業。

4. 五種性格類型及其職業適應性

前面提到過日本學者把性格分爲五種類型：神經性性格（N）、內在性性格（S）、同調性性格（Z）、黏著性性格（E）、和自我顯示性性格（H）。

那麼這五種類型性格的人的職業選擇分別應是什麼樣子的呢？

（一）適合S型人的職業

如果你是S型中的「貴族性的敏銳感覺者」型，則比較適合繪畫、雕刻、作曲、演奏、攝影等藝術類的職業，各種工藝、設計師、藝術、插圖和服飾等方面的評論員，茶道、書道、花道等的教授者。

倘若是其中之「嚴厲無情的領導者」型，則比較適合當公務員、政治家等。若再加上能力尚佳，極有可能升至較高官位。

如果是其中的「脫離世俗的理想主義者」型，則適合數學、哲學、物理學、宗教（僧侶、牧師等）等方面的職業。

一般情況下，S型的人比較適合理論研究和技術性的職業。因此，倘若恰好對這方面的工作感興趣，那麼在性格和興趣兩方面就都合適了。

S型的人不適合應用方面，適合基礎理論方面的大學教授、研究人員和科技人員；不適合實際醫療方面，適合做病理研究人員、數理科系統的中學教師、研究所的研究人員以及法官、檢察官、法律方面的公務員。如果對技術性工作感興趣，則比較適合冶金、礦業、電氣、機械、化工、土木、建築、水產等的工程師，以及此類系統的職員工作。也可從事駕駛員、船員、測量人員、通訊人員或司機等職業。

如果對數字工作更感興趣，則適合從事會計師、銀行職員、稅務方面的公務員、統計記賬，以及程式設計員等職業。

S型的人熱愛大自然，是喜歡和自然打交道的職業。如果他們從事農林、水產等方面的工作，海洋、河川、氣象、天文、地質方面的公務員，園林師、獸醫、動物飼養員以及其他觀測自然等方面的工作，就會幹得很愉快，而且很出色。

S型人中，很多人心靈手巧，非常適合從事製圖、商業設計、服裝設計、裝潢設計、美容師、理髮師等工作。不論男性女性，都可以做精密器械的設計、組裝、操作、調整，以及修理等工作。

（二）適合Z型人的職業

倘若是屬於其中的「精力充沛的實幹家」型，則適合政治家、社會活動家、商人、記者、醫生等職業，也適合企業、商店的經營者、實幹家、律師、會計師、外交官或企業的高級幹部、作家、工程師、文藝工作者等職業。如果能力優秀，一般能在需要創造性和指導性或者需要淵博的知識、高度的能力的職業及管理職業方面取得成功。

一般情況下，Z型人適合以和人打交道爲主的職業和注重實際的職業。如果喜歡與人談判、交易等，則在性格和興趣兩方面都適合。因此，適合政治家、實業家、外交官、製片人、教師、推銷員等工作。假如是女性，則適合於化妝品公司及其他各種推銷工作，以及空姐、導遊、飯店職員、服務行業等職業。

Z型人多具有較強的社交活動能力。從這個特點看來，上述大部分職業都是適合的。與此特性緊密結合的職業，有報紙、雜誌、電視等的採訪記者、報告文學作家、商店職員、宣傳員、廣告業，等等。如果是女性，適合祕書等職業。很多人不僅具有社交能力，還具有開闊的視野、較強的策劃能力，因此也比較適合顧問、調查員、影視編導、各種展覽的承辦人，計劃決策部門的職業等。

Z型人中很多對服務行業感興趣，因此比較適合臨床醫生、護士、社會福利工作者、保姆、幼稚園教師、中小學教師等工作。如果是女性，則適合保健人員、諮商人員、老人看護等職業。

（三）適合E型人的職業

一般E型性格的人適合比較穩定、有規律、踏實可靠的職業，比如循規蹈矩、嚴格遵守上司命令的公務員。這種類型的人富於正義感，適合法官、檢察官、法務方面的職務及員警等工作。如果做公司職員，由於一絲不苟的性格特點，很適合經營部門和總務部門的位置；從精力充沛、值得信任這點看，也適合勞務部門的職位。一絲不苟、責任感強的特點，使這些人適合從事銀行、會計等管錢的工作。若是女性，則很適合出納部門的工作。

E型性格的人還有一個特點，就是有毅力。因此比較適合重複性工作，適合兢兢業業蒐集整理資料的研究人員、科技人員、歷史學家、考古學家等職業，並會有所成就。從毅力強和有忍耐力這點來說，比較適合資料分類整理、文書記錄工作，如圖書館、博物館職員，司法行政文書，校正人員等職業。

E型的人能夠忍耐單調的工作環境，如果再加上對手工技術性工作感興趣的話，則適合通訊工作人員。女性適合打字員等。另外由於心細的緣故，也適合繪圖、藥劑師等工作。

E型性格的人一般身體健康，體能超出其他人，因此也比較適合職業運動員、體育教師、導遊員、軍人、員警、消防員、鐵道職工、女軍人、女員警等職業。

他們中間還有一部分人渴望社會公平與人道，認爲社會福利方面的工作意義重大。因此，這些人適合護士、特殊學校教師、衛生設施和衛生團體職員、保健員、職員訓練指導員、社會教育職員、推進志願義務活動的職員、社工、保姆等職業。還會有些人投靠宗教信仰，從事傳道等宗教活動，樂此不疲。

E型性格的人一般被認爲不適合從事推銷等工作，但他們做事勤懇、誠實坦率，容易獲得別人的信任。因此，長遠看來，也是適合產品銷售、談判等比較棘手的工作。

（四）適合H型人的職業

H型性格的人，善於和人溝通，而且其中很多人喜歡這麼做。因此，他們比較適合從事服務業、旅遊業工作，適合餐館、酒店、飯店經營、各種飲食店的經營者、爲客人表演的廚師、美容院的經營者、美容師、推銷員、時裝模特、空中小姐、女管家、旅遊翻譯、旅遊陪同員、公共汽車導遊員等職業。但是，工作中一定要注意不要炫耀自己、不要不管他人感受信口開河。

很多H型的人擅長大衆宣傳。倘若是企業職員，就應該在宣傳廣告等部門工作，而不應在總務或經營管理方面做事。也可以在前衛商品公司、代理廣告公司及商店工作。身處一個集體中，注意不要太突出個人，要尊重集體利益。

這種性格的人現代感強，有教養，知識豐富。如果再加上出色的文字表現能力，就非常適合戲劇、電影、電視、廣播等的編劇工作，從事自由職業當然也是可以的。如果有卓越的色彩和造型感覺，適合做藝術設計、商業設計員、服飾設計師等。才能出衆的話就適合顯赫的職業。

演員、歌手、舞蹈家、藝人、相聲大師、導演、司儀、記者、播音員、時裝模特等職業都可稱爲顯赫的職業，H型的人往往喜歡自我顯示，因此比較適合上述職業。其實

H型中的很多人也都憧憬這些職業。但是必須清楚這些顯赫職業成功的背後要付出很多的艱辛，並且必須要有出類拔萃的才能和好的機遇。即使一時成功了，也很容易後退。假如H型人的運動機能很好的話，也適合棒球、高爾夫球及其他各種職業運動員。

（五）適合N型人的職業

對於N型性格的人，並沒有什麼唯一適合的職業。可以說，N型的人比較適合的職業應該要求具有神經敏銳性。如通過顯微鏡觀察細胞的細微變化。但是，以敏感作爲專長來發揮作用的職業並不多。在和人打交道上，N型人的敏感和多疑往往使其非常耗費精力，這是很不好的方面。

如果N型人的敏銳神經結合較多的藝術細胞，就很有可能在繪畫、雕塑、作曲、藝術設計、工藝美術、攝影等藝術性工作上獲得成就。如果努力向精神世界探求，則可能會成爲風格獨特的藝術工作者，如小說家、詩人或劇作家，等等。當然，這需要比較超群的能力和天賦。

N型人適合獨自一個人從事的工作，如在資料室、書庫等調查整理書籍、文獻等，研究員、圖書館職員、博物館職員、記錄員等職員。若做公務員或企業職員，則不適合人較多的部門，而比較適合技術性強，或以「物」爲工作對象的部門。

N型人也適合從事以自然動植物爲工作對象的職業，比如農林、水產、畜產方面的工作，農業技術員、園林技師、資源研究者、生物學者、動植物改良員、食品工藝研究員，等等。他們不適合做某一職業的領導，但在正確、寬宏的領導下，卻可以工作得很出色，並且保持愉快、輕鬆的工作情緒。他們的工作業績，很大程度上受領導的好壞及周圍環境的影響。

如果N型性格的人的興趣在於科學理論的研究，則比較適合從事理論研究工作，如加上成功的輔導，則很容易取得一定的成就。

5. 職業選擇錯位時如何補救

人是在學習和工作中不斷成長的，而性格與職業有著密切和根本性的聯繫。人的成熟從心理性格角度表現在適應社會、有著良好的人際關係，等等。在適應社會過程中遇到性格與職業選擇錯位的問題時，也是非常普遍和正常的。關鍵是自己如何針對自身的弱點，努力彌補不足，從而學會控制自己的情緒。當然這裡的「控制」不是「壓抑」自己的個性，而是「壓制」那些衝動的、不理智的和盲目的情緒。不可盲目跳槽，一定先要根據性格、興趣和能力等找準自己的職業定位，做好職業規劃。

在此基礎上，還要在現有工作過程中有意識地加強某些能力的訓練，以便爲跳槽後的新職業，做好充分的準備。

個人的能力素質、性格等可以適應不同的工作環境和職業內容，關鍵是必須找到最優組合，找到最適合的工作。對個人優勢進行整合分析，集中力量辦大事。職業發展要以個人核心競爭力爲軸心，要用自己最「長」的一塊板和別人競爭，還要不斷增長自己的優勢「板」。

第四章

好性格，好愛情

不同性格的人在戀愛中的表現

詩人拜倫說：「婚姻是男人生活的一部分，卻是女人生活的全部。」一句話道出了男人與女人對待婚姻的不同態度。大部分的女人一旦結婚，她的全部精力和心思往往會與自己的男人聯繫在一起。我們在日常生活中經常聽到的一句話是「一個成功男人的背後總有一個偉大的女人」，儘管男人的事業主要取決於他本身的才智、勤奮與運氣，但一個任勞任怨、善良賢慧的女人，則往往對男人的事業有著巨大的支持作用。

我們看到過許多這樣的例子，一個成功的男人在回憶或者在談話中，總會把自己的成就和光榮歸功於自己背後的女人。但這些並不表示男人對女人的事業就沒有幫助，更不表示所有的女人都是在男人的背後默默地奉獻，而沒有自己成功的事業。無論是成功的男人還是成功的女人，他們都需要有幸福的婚姻、美滿的家庭做後盾。沒有和諧的婚姻，對於男人或是女人來說都是一種缺陷，是一種遺憾，是一種不完美。

愛情是人世間最美麗的花朵，自從人類誕生以來，它就是詩人、音樂家眼中永恆的主題，他們爲它寫下了多少不朽的名作。面對令人心馳神往、陶醉不已的愛情，有的人勇於追求，得到了自己的幸福生活；有的人喜歡期待，生性羞怯，讓愛情從自己的手中溜走，成了以後生命中一段永難忘卻的遺憾。

由於對性格的無知和對愛情、婚姻的恐懼，很多人即使找到了自己喜歡的另一半，對與對方以後的相處也仍然猶豫不定。他們內心深處往往會這樣不停地問自己：「難道我要和這個人交往，並且以後過一生嗎？他或她是我無數次在心底盼望的人嗎？」這些問題需要你自己用一雙慧眼去判斷。所以了解你自己的性格與對方的性格就是一件非常重要的事情了。

1. 魯莽型

魯莽型性格的人對於愛情的內涵往往不假思索，盲目追求。他們一旦發現自己的意中人後就會勇敢地出擊。這種性格的人熱情有餘但理智不足，他們對於自己的愛情往往靠感覺，對於對方的一切都不詳加考察，而是激情地投入自己的感情中。

但他們多半是一廂情願，表達心意時常常單刀直入，開門見山；一旦進入戀愛階段，則情感會顯著形於色。他們通常沒有耐性，不善於持續觀察對方，急於定結論，下決心。一見鍾情的情況在這種人身上很容易出現，他們經常很快地就墮入情網，過早把感情託付於對方，或過早向對方採取親昵的舉動。但他們也很容易受到傷害，一旦被對方拒絕，往往要意志消沉，心灰意懶一段時間。

但痛苦的時間不會很長，因爲他們很快就又能投入另一段感情生活中了。

2. 熱情型

熱情型的人易於獲得對方好感，因爲他們天性熱情，活潑好動，善於交際，並能很快適應新環境。他們這種人機智敏銳，能很準確地捕捉到對方的心靈變化，他們善於分析對方給自己的暗示，能從對方的言行中感覺出對方對自己的看法，他們不會衝動地追求，一般是在確知彼此的心意後採取行動。

一旦這種性格的人遇到了眞正的愛情，他們往往容易醉心於自己的情感中；一旦遭遇了挫折，他們也不會窮追不捨，會適宜地轉移目標。熱情型的人獨立性差，易受他人及環境的影響，情感不堅定也是這種類型的人最顯著的特徵，情緒起伏波動大。

3. 謹慎型

謹慎型性格的人善於用自己的理智支配自己的行爲。他們情緒成熟，沉著穩重，對待愛情從容不迫，嚴肅認眞。他們含蓄、謙恭、說話得體，感情適度，態度持重，不過早流露熱情，更不輕易海誓山盟。謹慎型的人能夠克制自己，他們即使心中有著熾熱的愛情，也不會把它完全展露在對方的面前，他們往往把自己的深情隱藏在對對方所做的事及付出的行動中。他們對於失戀也不會有偏激的做法，因爲他們明白愛情並不是生活的全部，人生中還有著許多値得期待和努力的事。

4. 堅韌型

對自己喜歡的人堅定不移、矢志不渝地追求，是典型的堅韌型。這種性格的人相信「精誠所至，金石爲開」，他們往往爲自己所愛的人默默地付出一切，而不求任何的回報，在他們看來，付出本身就是個開心的過程，能讓自己所愛的人感到開心是他們追求的目標。

這種性格的人情感體驗穩定、深刻、持久，對愛情很專一。他們往往具有頑強的意志和巨大的忍耐力，他們可以使自己承受常人所不能忍受的痛苦，用自己不折不撓的毅力，勇敢地面對困難，不達目的，誓不甘休。

男女的性格決定了戀愛的模式

有多少對戀人就有多少種戀愛的模式，他們之間的表現總是絢麗多彩的，他們不同的性格決定了他們之間不同的相處模式。女人活在這個世界上，最怕孤單，最渴望有個和自己相知相愛的男人陪在自己身邊，永遠圍著自己轉，時時牽掛著自己，讓自己明白在這個世界上無論有什麼樣的事情發生，自己都不是孤單的，因爲還有一個人關心愛護著自己。愛一個人，被一個人所愛，是一個並不矛盾的過程，並且還是擁有一個充實、完滿人生的重要部分。

而對於男人們來說，善變、愛撒嬌的女人常常弄得他們六神無主，他們覺得彷徨、迷惘、不知所措，但是他們又是那樣地愛著自己所愛的女人，那樣地呵護著她們，爲了她們甘願付出自己的一切。但是愛情的道路上從來都不是一帆風順的，因爲戀愛中的人也是兩個獨立的個人，他們有著彼此完全不同的個性，因此他們之間必然有摩擦，有衝突。所以戀愛中的雙方應該首先了解自己有著怎樣的戀愛模式。

1. 父母——兒童型戀愛模式

這種類型的模式，顧名思義，必然是戀愛的一方承擔著父母的角色，而另一方則是孩童的角色。承擔父母角色的人必然要付出得多一些，他們要照顧任性、依賴的一方。由於在傳統的觀念中，女性總是處於柔弱和依賴的地位，所以在這種類型中，孩童式的角色一般由女人來扮演。但是在現在競爭激烈的社會中，也有很多天性懦弱、容易依賴別人的男人，那麼他們在家庭內很有可能扮演孩童的角色，他們在妻子的身上同時也找到了母親的感覺。這就像是佛洛德所談到的「戀父」和「戀母」情節。

女性從出生到成長結婚，受到母親的影響是最大的。以正常的家庭來說，很多女性在選擇未來的丈夫時，總是以父親的形象來衡量對方，如果在她們眼中父親是偉大的，可以依賴的，那麼在選擇對象時，總是容易尋求與自己父親有相同性格或是類似性格的人；但如果父親在自己的心目中有著很多的缺點，那麼她們在擇偶時，最先排除的就是和父親有類似特點的男人。

而對於大多數男人來講，從小就受到自己母親無微不至的照顧，在他們中，母親是對自己最好的人，她們是家裡的天使，讓整個家乾淨、整潔，在他們眼中，自己的母親簡直是有魔法，讓自己永遠那麼幸福。因此大多數男人在選擇對象時，總是選擇與自己母親有相同品質的女性。他們希望自己的女友像自己的母親一樣照顧自己。有時在日常生活中，我們還可以看到許多年輕的男性喜歡年齡比自己大的女性，因爲在她們身上，可以感覺到更多的母愛和溫暖。相對應的，許多年輕的女性也選擇比自己大很多的男性，因爲在他們身邊，自己會更有安全感。這些都是這種類型的典型範例。

2. 兒童——兒童型戀愛模式

這種類型聽名字即知，與中學生的初戀有很多的共同性，不停地吵鬧，再和好，三分鐘後又開始吵鬧，然後又和好。戀愛雙方經常爲小事相互嘔氣，發生誤會，但過不久就煙消雲散而和好如初。

這種類型的戀愛模式雙方不會安靜地待上一會兒，要不就高興得像孩童一樣彼此尋求新奇，要不就是鬥氣、冷戰。但無論怎樣的吵鬧都影響不了雙方的感情，他們不管怎樣的吵鬧，怎樣的鬥氣，但是雙方明白彼此的生活都不能離開對方，自己才是最適合對方的。

有很多初涉愛河的男女都屬於這種類型，當然也有很多雙方性格都很活潑、很開朗的人，他們的相處之道就一直如同孩童般純眞和浪漫。這種類型的戀愛模式在外人看來，那麼的不保險，隨時都有倒塌的可能，但是當事人卻樂在其中，有著很多旁人不知道的樂趣。

3. 成人——成人型戀愛模式

這種類型與上述的「兒童——兒童型」正好相反，這是典型的成人之間相處的模式。在這種類型中，戀愛雙方因爲有著共同的目標和追求走到了一起，又因爲有著共同的興趣和愛好，以及對事情的態度而最終結合。同時他們彼此雙方都很重視自己在對方眼中的形象。

女性爲了增加自己的魅力，有時愛撒嬌、賭氣，但大多時候她們都很理智，對自己和對方有較深的理解。而男性則表現得很溫柔、體貼，對女性很包容。有時他們也會發火、生氣，甚至動手，但這就像六月的雨，來得猛，去得快，不會影響雙方的感情。

4. 混亂型

前面三種類型雙方都能取長補短，和諧相處，還有一種情況則是雙方其實並不合適，只是偶爾某個時刻，雙方都感覺到了心動，但是，這或許是一時的錯覺，或許是愛神的捉弄，他們其實在很多方面都不能達成共識，彼此沒有交流的共同平臺。隨著雙方的進一步發展，彼此都覺得是一種負擔，不能再在感情的道路上繼續前進，但由於心中還有很多的疑惑，或者說還有不捨，這樣即使雙方沒有感情，卻仍然在交往。這種模式是不協調的，是混亂的，當事人應該果斷地停止交往，以便全力迎接下一段新的感情。

男人期望的女性性格

男人和女人因爲彼此生理結構的不同，在爲人處世和婚姻生活中有著不同的角色分工，因此也造成了不同性格的女性在婚姻生活中有著不同的表現。俗話說得好，蘿蔔青菜，各有所愛。不同性格的女性都有著各自的優點和缺陷，她們本身的差異，反映到婚姻生活中，當然也有其不同。

對男人來講，他們不一定非得要找個天姿國色的老婆，但是，他們一定需要找個最適合自己、最理解自己的親密愛人。在他們心裡，他們希望自己的伴侶就像母親一樣，對他們付出無私的愛；也希望自己的伴侶能像朋友一樣，清楚地理解他們的喜好，和自己有著共同的話語；同時又希望自己的伴侶與自己不一樣，有著女性該有的溫柔和嫵媚。總而言之，不同的男人對自己的愛人，都有著最適合自己的需求，對他們而言，適合的就是最好的。

1. 細心的女人是丈夫最得力的助手

擁有好的記憶力，做事細緻入微，是一個好妻子不可缺少的好性格。心細的女人在各個方面都能爲男人招來好運氣。對於心細的女人來講，丈夫不用多費口舌，她們能清楚地記得丈夫喜愛什麼，不喜愛什麼；知道丈夫需要什麼，不需要什麼。她們不僅在家庭生活中把自己的丈夫照顧得無微不至，即使在職場上，她們也能給予丈夫及時的幫助。因爲她們的好記憶力，她們能準確地記起丈夫的上司、同事都有著什麼樣的喜好，這樣在需要陪同丈夫出席的場合，她們也能嫺熟地應付，並且給其他的人留下好印象。

美國第4任總統詹姆士．麥迪森的夫人就是這樣一個心細的女人。她擁有令人驚歎的記憶力，對於丈夫的工作日程安排，跟她說一遍，她就不會忘記，這種特殊能力給予了她的總統丈夫很大的幫助。另外，對於總統部下的名字、容貌她也能記得清清楚楚，這對於麥迪森來講也有很好的幫助作用。

許廣平與魯迅，雙方在婚戀史上都有著苦難的經歷，由於一段師生關係，兩顆傷痕累累的心靈終於碰撞到一起，迸發出愛情的火花，最終結合在了一起。許廣平對魯迅來說，是個得力的助手，她能幫助他進行一些稿子上的校對，並向他提供一些建議。而在生活中，許廣平的細心更是給予了魯迅先生最體貼入微的照顧。在魯迅逝世後，又是她細心地為魯迅先生整理遺稿，使得許多珍貴的文稿得以保存下來。

細心的女人往往在最關鍵的時刻顯現出她的獨到之處，平時並不張揚，顯得深藏不露。比如細心的女人在家庭開支上精打細算，在家庭出現危機的時候，能把平日裡積攢下來的錢，拿出來幫助家庭和丈夫渡過難關。有些人在生意失敗時，是要靠妻子平日裡積攢的私房錢東山再起的。

俗語說細微處看眞情，細心的妻子是丈夫最大的靠山和最堅強的後盾。相反的，一個平日裡粗心大意，要靠丈夫照顧的女人是不能給丈夫多大幫助的，這樣的女人怎麼能跟自己的丈夫一起渡過人生的低潮呢？她們連自己都照顧不了，還怎麼能夠去幫助自己的丈夫呢？

2. 善解人意的女人是丈夫的緩壓劑

在傳統觀念中，雖然男性被賦予了堅強、剛毅、勇敢等性格特徵，但是男人有時是比女人更加脆弱和敏感的動物，他們在人生的關鍵處也會迷茫、彷徨甚至誤入歧途。但是他們固有的形象，不允許他們在人前哭喊、吵鬧，甚至顯露自己的脆弱和痛苦。

現實生活中，激烈而殘酷的競爭，使得男人同樣在工作中備受煎熬，他們也有很多不如意的事和不開心的情況，這時就需要有一位善解人意、溫柔體貼的妻子來安慰和鼓勵他們。男人是永遠不會把自己的痛苦外露的，他們習慣給自己帶上堅強的面具，但是過重的壓力，有時也會讓他們崩潰，所以一個與他們有共同語言，能不時開導他們的好妻子對於他們來講就是緩壓劑，能在言談間讓他們放鬆心情，重新展露笑顏。

現代繁忙的都市生活，使得夫妻雙方忙於工作，而減少了彼此交流的時間，長此下去，婚姻自然就會出現問題。壓力過大的丈夫在勞累了一天之後，內心積攢了許多要說的話，但是回到家裡，妻子很有可能已經睡著了，這樣就使得他們找不到傾訴的對象，所以許多男人選擇了夜生活，這是一條不歸路，也是一種無奈的結局。

許多婚姻走向破碎的家庭，起因都是夫妻雙方長時間沒有在一起聊過天，彼此心中在想些什麼都不知道，這樣的日子怎麼繼續下去呢？其實很多男人有時內心也很孤獨，他們多麼希望自己的妻子能像戀愛時那樣對自己關懷備至呀！他們在脆弱的時候，更希望自己的妻子能對自己說一聲：「你永遠是最棒的，我很需要你。」或者在他們苦悶的時候，能跟他們聊聊天，在空閒的時候，能陪著自己放鬆一下心情，而不是讓自己陪著去人聲嘈雜的商場裡轉圈。

3. 寬容大度的女人是家庭生活的和平鴿

如果讓男人選擇終身伴侶時，大部分男人可能會選擇寬容大度的女人。寬容大度的女人不喜歡和別人斤斤計較，在和丈夫發生爭吵時，不容易記恨且總是首先退讓，向對方道歉。這樣的女人其實很懂得生活。俗話說「夫妻沒有隔夜仇」，又說「清官難斷家務事」，這些都說明夫妻之間的事很難說明白誰對誰錯，因爲本來就是糊塗賬。

寬容大度的女人，懂得什麼時候退讓，她們有眼光，知道把握分寸，也能理解男人愛臉面的特點。在夫妻生活中，越是固執己見、不肯退讓的女人，越是讓人心煩，她們這樣的做法只會讓丈夫更加煩惱，更加不願意回家。

寬容大度的女人既不讓丈夫忽略自己的存在，又不讓丈夫難堪，在大家都開心的情況下解決了問題，使家庭越來越和諧、美滿。

現實中有很多這樣的例子，本來是一件很小的事，本來也不是要吵架，只是各自發表自己的看法，可是到了後來，越說越凶，最後非要爭個誰對誰錯不可。輸了的一方心裡不痛快，贏了的一方也覺得索然無味。但是兩個偏偏都是硬脾氣，誰也不搭理誰，本來沒事，現在卻有事了。

如果這時妻子是個寬容大度的人，她只要輕輕地說句「我錯了」，或者說句「我錯怪你了」這樣的話，那麼丈夫必定是要說更多的「對不起」，或是其他道歉的話，因爲他其實並不想吵架，他只是在等一個臺階下，有了臺階，他自然會很高興地走下來。如果認爲先道歉就等於被輕視或沒面子，那就是眞正小心眼的想法了。

聰明的妻子都是寬容大度的女人，適當的時候讓讓自己的丈夫，讓他們顯顯男性自尊心也無傷大雅。他高興了，你也沒有損失，家庭和諧了，有什麼不好呢？但是，對於那些經常固執己見、漠視自己妻子的感覺的男人，聰明的妻子也是不會一再忍讓的。如果想有一個和諧、美滿的家庭，最好找一個個性寬容大度的人，因爲（他）她們是家庭的和平鴿。

4. 撒嬌的女人是丈夫可愛的寶貝

處於戀愛期的男女總是喜歡聚在一起卿卿我我，躲在無人處說一些情話，無論談話的內容是什麼，只要兩個人在一起，就很快樂。戀愛中的女人喜歡向男人撒嬌，在她們看來，能被一個有著陽剛之氣的男人愛著是一件值得自豪的事情。看著高大的男人爲自己做這做那，內心覺得暖洋洋的。

而對於男人來說，有一個嬌小、美麗的小女人在自己身邊依偎，也是件很享受的事情，而能當美麗女人的護花使者更是值得誇耀的事。撒嬌是戀愛中不可缺少的調味料，它讓女人變得更加嬌媚，同時也激起了男人的保護欲，增強了他們的自尊心。

現實生活中，有很多男人是因爲自己的愛人有一副嬌滴滴的聲音而迷戀上對方的。進入婚姻生活以後，夫妻雙方雖然沒有了神祕感，但在男人看來，妻子仍然是嬌小和需要保護的，所以很多男人對於婚後妻子變得堅強和不需要自己感到迷惑，他們會覺得婚前妻子的嬌弱形象是一種假象，而自己也有一種上當受騙的情緒。

針對這種情況，妻子應該懂得適時地向丈夫撒一下嬌，這樣丈夫就會重拾戀愛時的感覺，而夫妻雙方也會感到初戀的溫馨又回到了心間，煩悶的家庭生活又會煥發出不一樣的光彩。

在現實生活中，男人每天面對著殘酷的競爭，肩上還背負著整個家庭的責任，這時常會讓他們身心俱疲、心灰意懶。而這時如果自己的女友或是妻子在適當的條件下，對他們撒一下嬌，就會讓他們重新感覺到自己的重要性，因爲對女友或是妻子來說，他們是獨一無二的，是她們的支撐。所以很多男人喜歡小鳥依人的伴侶，因爲在對方面前自己是強壯的，是充滿信心的。

日本電影明星小野浩二的夫人，就是個很懂得撒嬌的女人。在他們剛結婚時，小野還是個沒沒無聞的人，他們的生活異常清貧，但是爲了讓自己的丈夫感到自己對他的依賴和愛意，她在自己丈夫的手心寫了一個愛字，這是無聲的撒嬌，也是讓人感動的情誼。後來小野成名了，但在他的心底，他永遠忘不了自己的妻子對他的幫助和鼓勵。

有句話說：「我們容易忘記和自己一起笑過的人，卻很難忘記和自己一起哭過的人。」是的，許多功成名就的人在追憶過去的事情時，總是難以忘記患難時和自己攜手走過風雨的人。一個男人無論成功或是失敗，在他身邊有一個依賴他、全身心愛他的女人，是他這一輩子最大的財富。

愛撒嬌的女人是丈夫努力的動力，她們用自己嬌柔的聲音撫慰著疲憊的男人，這種悅耳的聲音能使男人雀躍舒暢，而又絕不是一種負擔。女人的柔弱能使男人迅速地成長，激發他們的男人本色，使他們更像個男人。

而不懂向自己丈夫撒嬌或者認爲撒嬌是一種矯飾行爲的女人，是無法體會到撒嬌帶給她們婚姻生活的潤滑作用的。另一方面，不會撒嬌的女人會讓自己的丈夫有眞正的壓力，因爲在這些丈夫看來，自己的妻子很堅強，不需要他們，甚至他們會覺得自卑，感到沒有男人的尊嚴，而爲了找尋自己的自信心，他們會轉向另外的女人，而使得自己的婚姻生活走向滅亡。

5. 擅長烹飪的女人給予男人最貼心的關懷

俗話說：「要想拴住男人的心，最先拴住男人的胃。」對於男人來說，口腹之欲是他們最難以割捨的情懷。好太太必備的因素之一就是有著一手好廚藝。許多男人在勞累了一天之後，看到自己家裡的溫暖燈光就會感到胸中有一股暖流經過，這是因爲他們知道在那燈光裡有著自己深愛的家人，和一頓根據自己口味做的可口的飯菜。男人其實是很容易滿足的。

廚房之於女人是一種陪襯，也是她們才藝展現的舞臺。通過烹飪可以看出一個女人的很多品質。擅長烹飪的女人必然是聰慧、靈敏、富有情調的人。她們熟知菜式的搭配，必然也熟知各種蔬菜、瓜果的習性，由此推延開去，她們肯定對大自然的花花草草有著濃厚的興趣，而如此熱愛自然景物的女人，怎麼可能是生活沒有情調的女人呢？

這種類型的女人一定很會佈置家居生活，她們會隨著季節的變換，而適時地變化家中窗簾、沙發的顏色，讓自己的丈夫在炎熱的夏季，一推門就能感到一股清涼；而在寒冷的冬季，一推門又會覺得溫暖。擅長烹飪的女人就是丈夫最貼心的保溫袋，她們深知自己男人的脾性，總能在自己丈夫需要的時候給予他們最貞切的關懷，像可口的飯菜一樣，讓自己的丈夫感到舒適和滿足。

一對結婚多年的夫妻，有一次妻子突然問自己的丈夫為什麼當年捨棄比自己容貌好的追求者，而選擇了平凡的自己。丈夫笑著說：「其實不是因為你，而是因為你的母親。」妻子不解，問為什麼。丈夫說：「有一次到你家做客，吃到了你母親做的飯菜，覺得跟我死去的母親做的一樣，這讓我感到了久違的母愛。而當時對你還沒有什麼特別的感覺，但是我想母親的廚藝會傳給女兒，所以開始與你交往，後來我又在你的身上發現了許多優點，我們終於走到了一起。」妻子聽完很驚訝，她沒有想到自己母親的一頓飯，原來是自己婚姻的紅娘。許多情況下，戀愛的雙方都是因爲很偶然的因素而走到一起的。正像一首歌所唱的：「你我素不相識，愛從偶爾心動開始。」

對於一個男人來說，有一位擅長烹飪的妻子也是件很自豪的事情。朋友在一起，那個喊著到自己家裡吃飯的男人，肯定有一位擅長烹飪的妻子。國人講究吃，也講究吃的氛圍。雖然現在流行到飯館裡請人吃飯，但對大多數國人來說，在飯店裡請的都是陌生的客人，而對於眞正自己在乎，和自己親近的客人，他們都喜歡邀請對方到自己的家裡來吃飯。而這時有一個擅長烹飪的妻子，就會成爲丈夫臉面上最光彩的事。如果一幫哥們突然來訪，而自己的妻子在廚房裡待了半個小時了，還沒一個像樣的菜端出來，這對於丈夫來說，又是多麼尷尬的事情呀！

6. 善於言辭的女人是丈夫最好的安慰劑

俗話說：「一個女人等於五百隻鴨子」，女人的嘮叨是男人最頭疼的事。一個男人最不能容忍的就是一個在自己心煩意亂時還嘮叨不停的女人，這樣的女人只能讓所有的男人從自己的身邊躲開。

男人看女人，總是抱有一份神祕感，在他們看來，女人們那顆小腦袋裡，不知裝有多少稀奇古怪的想法，總能給他們意想不到的驚喜。相反，一個整天嘮嘮叨叨的女人，是沒有神祕感可言的，是引不起人們的興趣的。

善於言辭的女人是會說話的女人，但卻不是愛嘮叨的女人，她們懂得什麼時候該說什麼話，而什麼時候又應該沉默不語。這種類型的女人能在丈夫工作勞累之時，說一段笑話給自己的丈夫解悶，讓他們能稍微地放鬆一下。當然她們任何時候都不會掃丈夫的興致，當丈夫在晚餐的飯桌上講到什麼他感興趣的事情時，她們絕不會冷著臉來一句「吃飯時別說話」或者「小心噎著」等，因爲這樣無疑是對熱情的丈夫潑了一頭冷水，讓他們索然寡味，以後再也不願與你有如此輕鬆愉快的聊天情緒了。

一位外交官發現自己的妻子在陪同自己出席各種宴會時，總能嫻熟地應對各種各樣的客人。在宴會中，她總能恰如其分地掌握安靜與交談的時機，安靜時，給人澄淨嬌柔之感；而交談時，又給人機警、聰慧之態；她的話語時而輕緩，時而急促，但總能讓人感到舒適。這位外交官深深地爲自己妻子的氣質所震撼。

他有一次終於忍不住自己的好奇心，就問他的妻子有什麼祕訣。他妻子笑著說：「我也不知道原因，只是我的母親從小就告訴我說，說話時不要只想著自己，要知道正是因爲其他人的存在，才構成了交談。」這是個善於言辭的母親，她的言傳身教也使得自己的女兒懂得了說話是要有技巧的。

7. 與丈夫同甘共苦的女人是丈夫堅強的後盾

「風雨同舟」這個成語應該說的是與自己共患難的情況，但是每個人一生中能眞正與自己共患難的，也只能是自己的伴侶，夫妻二人在複雜的人世間一起艱難地摸索，無論是順利或是不順利都將是人生的寶貴財富。

事實上，再堅強的男人都希望與自己的愛人分享成功與失敗，正像歌曲所唱的——「沒人分享，再大的成功也不圓滿；沒人安慰，哭過了還是酸」，他們在成功之時，最希望的就是自己的愛人能爲自己感到驕傲；而在受到挫折後，又希望自己的愛人能給自己幾句最眞摯的話語，來撫慰自己受傷的心靈。

大千世界，我們每個人總有感到孤寂的時候，這個時候最期盼的事情就是有人能陪自己度過漫漫長夜，這個人不需要多麼的不平凡，只要她能懂自己，認眞地傾聽自己的低訴，那麼人生也就沒有遺憾了。

與丈夫同甘共苦的女人必定是理智的，堅強的，她們不會在丈夫失敗後惡語相向，更不會離丈夫而去，而是默默地陪在他們的身邊，給予他們無聲的鼓勵和幫助。很多人的經驗表明，對男人眞愛不移死心塌地的女人，應該是那種無條件地追隨男人，陪著他們走過成功，更重要的是陪著他們走過失敗和挫折。這種女人能成爲丈夫的知己，能帶給男人無限的信心、動力和溫存。

日本著名銀行家中村俊輔年輕的時候，身無分文，並且爲了生活不得不辛勤地工作，根本沒有閒暇的時間來陪伴他當時的女友，但是他的女友沒有一句怨言，並且爲了幫助他緩解心中的壓力，每天晚上陪他在街上散步。這樣的女人是默默跟隨男人的女人，是會關心和支持男人的女人，能夠幫助男人成功。所以成功後的中村，總是難忘那段女友陪他一起走路的日子。

8. 喜歡製造氛圍的女人是丈夫眼中的魔法精靈

談戀愛時雙方都很喜歡到有氛圍的環境中，比如環境幽雅的餐廳或者有藝術氣息的畫廊，也或者是兩人相約去聽一場經典的音樂會，要不然就是到景色秀麗的地方去旅遊。在和諧美好的環境下，人的心情也會變得分外美好，而這樣的環境更能使沉醉於愛河中的男女雙方，發現對方更多的優點和動人之處，也促使他們的愛情道路一帆風順。

結婚後，雙方由於日夜在一起，沒有了神祕感，也沒有了戀愛時的那種激情，因此夫妻雙方也越來越疏於對良好氛圍的營造。這種情況長此下去，又使得婚姻生活變得沉悶，甚至出現這樣那樣的問題。所以有一個喜歡製造氛圍的女主人就會使整個家庭充滿活力，也使得丈夫對自己刮目相看，讓自己的婚姻生活充滿情趣。

大學時有一位老師，他的妻子就是一個很有情調的女人。她家裡有著隨季節、天氣變化而不斷更改的家具用品，天氣炎熱時用冷色調來佈置房間，這樣讓人感覺清爽；而天氣寒冷時，則用暖色調來佈置房間，這樣家人自然覺得溫暖。

另外，她的家裡還有一個很具特色的裝飾，那就是各種燈的搭配，有光線很亮的大燈，也有很多光線柔和的小燈。設想在溫柔的夜晚，只留一盞柔和的小燈，與丈夫輕聲地聊天，該是多麼溫馨的場面。

這位師母是個很愛花花草草的人，在她家的客廳裡，一年四季都有著清香的氣息，讓人倍感舒適。她愛好廣泛，經常與老師在休息的時間裡去參觀各種藝術展覽，或者去聽音樂會。在晴朗的週末，他們夫妻二人又會結伴去附近的郊區露營，或者去風景秀麗的地方旅遊。

他們的生活總是有著很多新奇和浪漫的事情發生，在這樣充實和有情調的生活中，他們的婚姻生活怎麼可能不愉快呢？這種會製造氛圍的女人就是丈夫眼中的魔法精靈，她們總能給丈夫以新鮮感受，讓自己的家庭生活隨時發生著自己丈夫意想不到的驚喜。

男人不能容忍的女性性格

女人有可愛的一面，當然也有討厭的一面。在婚姻生活中，有讓男人感到幸福的賢良妻子，也會有讓男人感到痛苦與厭惡的討厭妻子。有由兩個志同道合，有著共同愛好、習慣的人，結合在一起組成的家庭；也有由兩個生活習慣、做事方式完全不同的人，結合在一起組成的家庭，也正因如此才有了婚姻生活的悲歡離合。

對於夫妻雙方，最好的不一定是最適合的，而適合自己的才是最重要的。女性因其嬌柔、可愛、善良及其賢慧爲男人們所喜歡，但人無完人，女人自然也有著自己難以避免的缺陷，比如，心眼小、愛生氣、不夠理智、不講道理，等等。這些不夠完美的性格特徵，將成爲了她們婚姻生活中最大的絆腳石。

1. 過分愛慕虛榮的女人，會帶給男人沉重的壓力

愛慕虛榮是一些女人固有的特性，表現出來就是愛攀比。俗話說：「三個女人一台戲」，女人們湊到一起到底在嘀咕些什麼，是男人們永遠琢磨不清的問題。其實無非是在互相攀比：自己的薪水有多少，別人的薪水又是多少，自己與別人比怎麼樣，要是高了，那麼就是很有面子，很能滿足自尊心的需要，相反就覺得很沒有面子；自己的男朋友在什麼地方高就，人長得有多麼帥，等等。

她們喜歡把自己的婚姻生活告訴別人，就爲了讓別人羨慕自己，滿足一下自己的虛榮心。在現實生活中，有些女人拋棄深愛自己的男人而投入了別人的懷抱，就因爲前者滿足不了自己的虛榮心，不能讓自己成爲大家欣羨的對象。

在婚姻生活中，過分愛慕虛榮的女人是丈夫最沉重的負擔和最大的壓力來源。爲了給自己愛慕虛榮的妻子買一套昂貴的化妝品，或者一套價格不菲的服裝，這些男人不得不連續加班，而也因爲自己的加班，不能早些回到家裡，他們又成了妻子嘴中不負責任和不願分擔家務的沒良心男人。這樣的妻子還喜歡與別人的妻子攀比，經常說：「這個朋友的丈夫又送了朋友項鏈！」或者說：「那個朋友的丈夫職務又升了！」等，她們渾

然不覺自己的話對丈夫造成了多大的傷害。

這種女人的丈夫通常都覺得很自卑，因爲他們總是滿足不了自己妻子無限制的需求。這樣的婚姻是以丈夫的無限忍讓爲代價的，一旦丈夫到了不願再忍的地步，婚姻的道路也就走到了盡頭。

一位天性虛榮、愛講究生活情調的女人，在與現在的丈夫結婚後，仍然不改自己的脾氣。她的丈夫很愛她，爲了滿足她高昂的化妝品和服裝費用，拼命地工作，拼命地節省。他從不願爲自己購置一件像樣的衣服，也不願在自己身上多花費一分錢。妻子看在眼裡，但卻並不在意。

直到有一天，妻子偶爾和丈夫一起去丈夫所在的公司，在路過一個賣燒餅、豆漿的小吃攤時，丈夫無意說：「我每天的早餐就是一個這兒的燒餅。」妻子奇怪地問：「你怎麼不喝豆漿？」他回答道：「公司裡有水，我不願多花費這一塊錢。」妻子的臉刷地紅了，她此時腳上穿的一雙小牛皮的鞋價值600元，可以讓丈夫喝差不多兩年的豆漿。這位妻子當時眞想扇自己兩個耳光，不過好在她及時糾正了自己的錯誤，所以他們的婚姻還是可以幸福地走下去的。

2. 嘮叨不停的女人，應學會給丈夫留一些空間

愛嘮叨的女人是情感氾濫的女人，她們總覺得整個家庭少了自己，日子就無法再過下去。丈夫的一切行為在她的眼裡都是有毛病的，是讓她們不滿意的，是自己不說不行的，這樣就形成了愛嘮叨的習慣。

愛嘮叨的女人其實是特愛自己丈夫的女人，她們的全部生活就是丈夫，所以丈夫的任何細小的動作和行為，在她們眼中都是大事情。但在丈夫看來，自己的妻子太喜歡小題大做了，什麼小事都能讓她們嘮叨半天。丈夫在一天的工作之後，本來就很心煩，現在加上這樣的聒噪，自然不願在家裡待著了。久而久之，夫妻雙方沒有了共同的話題，沒有了語言的交流，婚姻自然要出現問題了。

前一段熱播的電視劇《康熙大帝》裡有一段很有意思的情節——

康熙下朝後，來到了其中一位皇妃的住處，誰知道康熙爺還沒開口，這位皇妃倒自己先向康熙埋怨了好一頓，還沒等她說完，康熙站起來，氣呼呼地出去了。這位皇妃更是氣得不行，皇上好不容易來一趟，沒說一句話就走了，怎麼回事呢？還是這位皇妃的哥哥，也就是康熙很寵信的臣子——明珠替她解開了疑惑。皇上在朝時，已經很心煩

了，回到後宮後，自然希望找個安靜的地方放鬆一會兒，但是自己的妃子又嘮嘮叨叨的，自然惹得人更加心煩了，怎麼可能在她這兒多待一會呢？

看來古今的男人一樣，都害怕自己的老婆嘮叨，這在他們看來是最頭疼的事情。愛嘮叨的女人並不是不可愛的女人，相反的，她們對自己丈夫的嘮叨正說明了自己對丈夫的信賴和依戀。有些愛嘮叨的女人是母愛很強的人，在她們看來自己的丈夫就跟自己的孩子一樣，需要她們不斷的督促和提醒才能有所行動，因此她們的嘮叨不但是不討厭的，而且是必需的。

這種想法雖然也有一定的道理，但是男人也有煩躁的時候，也需要有自己安靜的獨處空間和時間。愛嘮叨的女人應該學會給別人留下一些空間，從而也為自己留下一方自己獨有的空間。

3. 過度任性蠻橫的女人，會讓丈夫吃不消

金庸的小說《射雕英雄傳》裡塑造了一個古怪靈精、任性蠻橫的俏黃蓉，她的刁蠻、任性讓很多人吃盡了苦頭，許多看過這部書或者看過這部影視作品的觀眾，都很喜歡這個聰慧的少女。女人有時刁蠻、任性一點也很討人喜歡，但是過度任性蠻橫的女人

也讓人吃不消。

近來韓流滾滾，韓國的許多影視作品都推向了亞洲市場，而目前颳得最強勁的就是女性「野蠻」之風。先有「野蠻女友」，後有「野蠻女教師」、「野蠻師姐」，不外乎都是以那種任性蠻橫、不按常理出牌的女性形象爲主題，讓她們的男友吃盡苦頭。雖然這樣的作品吸引觀衆的胃口，但是放在現實生活中，讓男人們都去選擇這種女人做妻子，恐怕得有相當的勇氣才行。

有一次看一位很紅的演員的自傳小說，說到他的婚姻生活，也是一把辛酸淚。他雖然有著別人沒有的名氣和金錢，但是他的婚姻生活卻不盡如人意。他的妻子也是位演員，長得自然是天姿國色。他們新婚時也很幸福、快樂。但是時間一長，這位丈夫就有了自己的痛苦。他的妻子因爲自己的天生麗質，也因爲自己長時間被周圍的人所寵愛，脾氣自然很任性刁蠻。

有一次，已經深夜了，她說想吃霜淇淋，還指明說是哪家店的霜淇淋。丈夫雖然說已經很累了，但爲了讓自己的妻子開心，就堅持著去買。可哪知，當他興沖沖地買回來之後，自己的妻子竟然又說不想吃了，弄得他哭笑不得。

這樣的事情還有很多，而且如果丈夫稍微表露出一點不滿，她就吵鬧不休。這樣的生活開始丈夫還能忍耐，但是時間一長，難免也會生氣、發火，婚姻生活自然不能再維持下去了。

年輕的妻子偶爾耍耍小脾氣，或者有時任性一點，丈夫不但不會生氣，反而感覺又回到了初戀，對妻子也會更加愛護和關心，夫妻生活自然也會更加美滿。但如果不分場合，不管時間自顧自地吵鬧不休，或者蠻橫不講理，會讓自己的丈夫覺得不可理喻，而越來越與這樣的妻子疏遠。所以任性蠻橫的妻子應該學會察言觀色，懂得關懷自己的丈夫，更要懂得珍惜自己的婚姻。

4. 過於頑固的女人，會引起丈夫的不滿

頑固的女人一般都很堅強，很有主見，有自己的一套想法和做事的原則，她們更有可能成爲丈夫的得力助手，並且在丈夫遭受挫折時能給予丈夫最體貼的關懷，幫助他們東山再起。但是過於頑固的女人則會使丈夫感到厭煩，使本來美滿的家庭生活變得波折不斷。過於頑固的女人容易鑽牛角尖，她們習慣了任何事情非要弄出個對錯來。但是如果最後是自己的錯，她們又絕不會道歉，在她們的人生詞典中，沒有道歉這個詞，因爲她們認爲那樣自己會顯得很軟弱。

性格堅韌的女人在感情上大多是用情很專一的人，她們對自己的感情和事業，都全身心地投入，並且也懂得適時地改變自己來適應改變了的環境。但過於頑固的女人則是不知變通的女人，在她們眼中，事情只有兩種方式，要不就是肯定，要不就是否定，沒有其他的第三種。然而現實生活中的情況，往往是錯綜複雜的，沒有她們想像中的那麼簡單。她們的思維運用到婚姻中，就使得她們用對錯的方式，來處理夫妻這種最微妙的人際關係，自然會有失偏頗。

有一對讓人很羨慕的夫妻，丈夫是一家大公司的總經理，而妻子也是一個規模不小的公司的會計師，這樣高收入生活應該是很美滿幸福的，但是他們的婚姻卻有著許多的不和諧。妻子的獨立個性本來應該是不錯的性格特性，但是又因爲她從小很強的獨立性使得她在很多事情上都過於頑固。

比如說兩個人商量好要出外旅遊，但是在交通工具上發生了分歧：丈夫認爲應該坐火車或者乘飛機去，這樣節約時間又可以乘機放鬆一下緊繃的神經。而妻子卻認爲應該自己開車去，雙方爭執不休，最後丈夫妥協。而後來的事實證明丈夫是正確的，兩個人對於路線不熟，自己開車在半途迷了路，而由於晝夜開車，使得兩個人都很累，到了目的地，也沒有了遊覽的興致。回家後，妻子不但不覺得是自己的過錯，還一直抱怨個不停。丈夫不得不一再地忍耐。這樣的事情發生得多了，丈夫也失去了耐性，結果雙方不得不離婚。

過於頑固的妻子總是自我感覺良好，她們一般不懂得體諒別人，是有點自私的女人。這樣的女人在婚姻生活中，必然會引起丈夫的不滿，而最終導致婚姻的失敗。

女人期望的男性性格

少女在剛開始接觸愛情時，可能會被對方英俊、帥氣的外型所吸引。但是對於那些成熟一些的女性來講，男人表面的東西永遠不能滿足女性精神內核中對他們最本質的尋求，也就是說成熟的女性在選擇對象時，更加注重內在的東西，她們要求的是能夠給自己提供一個精神的港灣，或者是一個可供休息的溫暖的心靈巢穴。

1. 沉穩內斂的男人，是女人最依賴的靠山

許多女性對於自己不喜歡的男人，都這樣評價——「不太成熟，顯得輕浮。」或者

是「孩子氣，幼稚。」不沉穩的男人本身就還是一個孩子，怎麼可能去照顧別人呢？

但是沉穩內斂並不是外表一味地耍酷，一副很嚴肅的臉龐。沉穩內斂更重要的是表現在爲人處世、待人接物上。沉穩是內在的修養，是具有很強包容心和忍耐力的性格特徵。它需要豐富的人生閱歷和生活經驗，這種類型的男人是飽嘗了人生和事業艱辛的人，他們懂得珍惜眼前得來不易的成果，也擁有面對將來更多坎坷和挫折的勇氣與力量。這樣的男人是女人最可信賴的靠山，就像陰雨天女人頭上那把傘，也像冬天裡女人身上的厚棉襖。

有的男人喜歡用名牌武裝自己，把自己裝扮成成功男士的樣子，但是這樣的穿著反而讓人感覺不成熟，給人輕浮虛誇之感。深沉內斂的男人很少在衣服裝飾上下工夫，他們從來都是要求衣服簡潔、大方得體即可，普通的衣服從來就不會掩蓋住優雅的氣質。

沉穩的男子在戀愛和婚姻中從來就是極具包容心和忍耐力的，他們能容忍自己女友或者妻子的小脾氣，甚至是蠻不講理，在他們看來對方就像是沒有得到糖果的小孩子一般的可愛和有趣，是他們嚴肅生活中最佳的調味劑。而對於大多數女性來說，沉穩內斂的男子是自己的最佳選擇，在自己迷茫彷徨時，能幫助自己發現最適合自己的道路；在自己得意忘形時，又能及時地給自己提出建議；而當自己有了錯誤，變得不可理喻時，能用最大的耐心包容和遷就自己。

沉穩內斂的男人是善於引導別人的人，和他們在一起，一切事情都安排得很有規律，也很有情趣。對於大多數女性來講，更喜歡和這樣的男人約會。相反的，對於那些把選擇和決定權，都交給女性處理的男人，女性會覺得他們沒有認眞思考，沒有做好準備就邀請了自己，對自己不夠重視，同時這樣的男人還讓女性覺得他們優柔寡斷，不夠果斷乾脆。沉穩內斂的男子就顯得很有責任心，並且也讓人感覺可靠，值得信賴。

2. 意志堅強的男人，總能讓女性產生好感

意志堅強的男人總能讓女性產生好感，因爲在她們看來，意志堅強的男人是眞正的男人，他們給人最強的責任感和信任度。女性一般都很敏感，情緒容易受外界的影響，顯得多愁善感。她們很容易被周圍的環境所左右，本來決定好的事情到時候也會發生變化；她們通常意志不堅強，對於很多事都缺乏堅持到底的毅力。

俗話說「女人心，海底針」，這句話說的是女人的心思難以琢磨，而實際上，也是說女人變化得快，前一分鐘和後一分鐘不能同樣看待。這樣的性格特徵決定了女人們都希望自己的男友或者丈夫意志堅強，對事情有自己獨立的觀點和看法，不受環境與他人

的影響。

在現實生活中，意志堅強的男性總能引起女性的注意，讓她們不知不覺地跟著自己走。在這種類型的男人身上，好像有著天然的吸引力，女人願意臣服在他們堅定的目光之下。有一個例子能很好地說明這個問題。一對戀人打算去公園看荷花，但是女人有著很多的顧慮，她問道：「如果一會兒太陽太大了，怎麼辦？」男人說：「我們撐著傘，看嬌豔的荷花怎樣對著太陽微笑。」「要是天下雨呢？」「那我們就坐在公園的涼亭裡，聽雨聲打在荷葉上的滴答聲。」「要是陰天呢？」女人還是有顧慮，男人笑了笑，「那更好了，既曬不到，又淋不到，我們就好好地欣賞美麗的荷花和碧綠的荷葉，還有水中跳來跳去的小青蛙。」終於女人沒有了任何的顧慮，她高高興興地和自己的戀人去欣賞荷花了。

這個男人就是個意志堅強的人，在去看荷花的過程中，可能會有各種各樣的問題發生，但是不管怎樣，都不能動搖他去看荷花的決定。

意志堅強的男人從來不會按著別人指給自己的道路前進，他們習慣了自己闖出一片天地，在他們看來，相信自己，充滿信心地走自己選擇的路是最重要的。在愛情的道路上也是如此，一旦一個意志堅強的男人找到了自己所愛的人，他們就會全身心地投入，用自己堅強的毅力和不折的耐力使對方折服。正如一個意志堅強的男人對自己的女友說：「你是逃不掉的，我選擇的目標是我必勝的。」話雖然充滿了傲氣，但是也深具魅力，沒有女人能抵擋住這樣的男人，她們在這樣強有力的男人的攻勢下，最終會被對方所吸引，愛上對方的。

3. 事業心強的男人，通常都很受女性的歡迎

在女性看來，事業心強的男人更能使自己有安全的感覺。這種類型的男人都很理智，他們清楚地知道自己尋求的目標是什麼，他們往往都相信邏輯、計畫和提綱能解決一切問題。他們對任何事情都能全身心地投入，對工作的專注並不影響他們對愛情和婚姻生活的努力經營。在他們看來，事業和愛情是他們人生中都不可缺少的部分。

這種類型的男人常常希望找一個與自己同樣獨立和專注於工作的女人，這樣他們可以保持彼此的獨立空間，即使有時分離也不會影響雙方的感情。他們對過分依賴自己的女人沒有好感，因爲他們不希望爲了照顧對方的情緒，而影響自己的工作和心情。

事業心強的男人也有其缺陷，那就是過度專注於自己的事業，而忽略了女友或是妻子的感情，使得雙方沒有交流的時間，這樣時間一長，他們的伴侶也會因無法容忍他們

的漠不關心而提出分手或是離婚。

小偉和盈盈是一對走到哪裡都讓人羨慕的情侶，男的沉穩英俊，女的嬌媚可人。小偉從學校畢業後，就和自己的同學合開了一家公司。公司剛剛起步，小偉不得不天天以公司爲家，他幾乎沒有和盈盈約會的時間。開始盈盈很支援他的工作，常常到他的公司照顧他。但是有一次，盈盈連續病了好幾天，小偉連一個問候的電話都沒有打來，盈盈雖然明白小偉是忙於事業，但人生病時異常的脆弱，她在床上躺了一星期，也流了一星期的眼淚。病好以後，她與小偉提出了分手。所以女性在選擇這種類型的男人時，一定也要做好隨時可能會被他們忽略的準備。

4. 冷靜獨立的男人，是所有女性心中最完美的伴侶選擇

每一個女人都希望自己的丈夫像《英雄本色》裡的小馬哥一樣，在任何情況下，都能冷靜處理並且願意用他們的生命保護自己。這樣的男人是女人心目中典型的白馬王子，是女人從十幾歲就開始夢想的理想戀人。任何人在突發情況下，都可能會驚惶失措，所以冷靜獨立的男人，就顯得分外迷人了。

一位溫柔漂亮的小姐，因爲對自己的未來男友要求較高，而一直沒有合適的對象。

最近認識了一位在外資公司工作，有著良好修養的「理想男性」，在兩人的幾次約會中，男方幽默的談吐、淵博的知識和優雅的舉止，都令這位小姐欣賞不已，她開始認爲這就是她夢想中的伴侶。

但是隨後的一次突發事件讓這位小姐打消了與這位男士進一步交往的念頭。當時他們正在某一家餐廳就餐，突然發生了地震，餐廳內所有的人都急忙往外跑，幾秒鐘之內，整個餐廳亂成了一團。而這個過程中，這位有著優雅舉止的男士，竟然忘記了自己身邊還有一位小姐，一個人奮力地衝向了門外。

幾分鐘後，事情就平息了，這只不過是一次傷害不到任何人的地震的餘波。此時的男人面紅耳赤地向小姐道歉，一再表示自己眞的很害怕地震，可是這個小姐心已經涼透了。地震發生時，男人本來就有保護身邊女人的責任，被地震嚇破了膽的男人，怎麼讓身邊的女人依靠，何況只顧自己逃命的自私男人呢？

性格獨立的男人也很有吸引力。一般時候，女人對男人的要求並不在於他們是否適應了四周的環境，而是看他們是不是能夠表達出自己的主張或意見，也就是說女人更看中這個男人是不是有自己獨立的想法，是不是能自己獨立地完成一件事情。獨立性弱，任何時候都無法自己獨立做出決定，而依賴身邊的人的男性，是不討人喜歡的。

5. 敢於面對挑戰的男人，最先吸引女性

敢於面對挑戰的男人通常都對自己很有信心，任何時候他們都精神飽滿地迎接新事物的到來。他們不懼怕變化，甚至期盼變化的到來，在他們看來，一成不變、死氣沉沉的生活，才是最無法容忍的事情。在這種類型的男人身上，隨時都可能有意想不到的情況出現。他們永遠不會被困難壓倒，在困難面前，他們從來都是越挫越勇，而絕不會退縮不前。這樣的男人始終生活在不安定的因素中，他們身上彷彿有著用不完的精力，永不知疲倦。「生命不止，奮鬥不息」該是對這種性格的人的最好詮釋。

現實生活中，這種例子也很多。年輕女性在面對事業有成、沉穩內斂的男性和精力充沛、勇於面對挑戰的男性時，總是最先被後者所吸引。在女性看來，後者身上有著不能忽視的熱情和青春，和這樣的男人在一起，自己的心永遠都是年輕和充滿活力的，而和前者在一起，雖然有著更多的安全感，但是生活容易走向制式化，沒有激情。

女人最討厭的男性性格

女人討厭下面這樣的男人──

1. 遊手好閒的男人，是女性的噩夢

遊手好閒的男人不喜歡工作，但他們總是向別人描述自己對未來生活有著怎樣美妙的藍圖，這樣的男人從來不說自己沒有能力做什麼，而是想方設法地讓別人相信他們多麼不屑於幹這樣的工作。遊手好閒的男人不喜歡安定的生活，他們在任何地方都待不了很長的時間，他們甚至渴望去流浪，因爲那樣才能得到最徹底的自由。

這種類型的男人喜歡和各種各樣的女性共同生活，但他們卻永遠都不想負自己該負的責任，到了壓力無法承擔的時候，他們不得不消失得無影無蹤。這樣的男人還很喜歡孩子，也願意給別人帶來歡聲笑語，但是他們卻永遠不會爲自己孩子的將來進行打算。這樣的男人是女人的噩夢。他們輕浮、不負責任的舉止，讓所有的女人都不能信任。

2. 永遠長不大的男人，讓女性疲憊

這種類型的男人長著一張成人的臉，但他們卻有著一顆童心未泯的心。他們任何時候都不能獨立地完成一件事情，隨時隨地需要別人的關心和幫助。他們是好人，永遠學不會用陰謀詭計害人，但同時也永遠學不會保護自己和自己的親人。他們習慣於受別人的照顧和幫助，卻永遠不懂得其他的人也需要他們的關懷和體貼。

這種類型的男人更不會顧慮到身邊人的情緒和反應，不是他們故意，而是他們根本就不懂。這樣的男人是還沒有長大的孩童，而每一個女人則都希望找個人來關心和保護自己，而不是想找個孩童來照顧和愛護。所以這樣的男人是女人最怕惹上的類型。

3. 太死板的男人，讓女性感到窒息

這種男人做任何事情都異常的認眞，他們總是有板有眼，按規矩辦事。他們習慣於在使用一種新產品之前，仔細地閱讀每一條使用說明，甚至是往收音機裡放兩節電池。約會時，他絕不能容忍對方的遲到，哪怕是遲到了兩分鐘，他們也會念叨個不停。做任何事，必須按早就規定好的辦，如果你有一點的變化，他們就會擔心不已。他們的生活

都有著嚴格的時間安排，一旦打亂了，他們就會一整天追悔不已！

這樣的男人是最讓女人倒胃口的男人，和他們在一起，女人就會感覺自己正在窒息而死。所以大多數的女人寧願選擇身無分文的活潑男人，而不願意選擇功成名就的死板男人。

怎樣從男人的言行了解他們的性格

女人活在這個世界上，最怕的就是孤單，最渴望有個相知相愛的男人陪在自己的身旁。所以有很多女人都傾向於把自己的年齡與花朵的開放程度相比。在女人像鮮花一樣盛開的時候，她們最常問的是——「在我最美麗的時候，我將遇見了誰？」在花將枯萎，仍然沒有賞花人時，她們只能用——「朝朝與暮暮，我切切地盼望」等來抒發自己孤寂和熱切的情懷。

對於一個女人來說，有一個愛自己的人，和一個自己所愛的人，就是她們追求的最大幸福。但是怎麼能讓自己所愛的人也愛上自己，又怎麼能讓愛自己的人有更多的了解呢？在戀愛的過程中，通過觀察自己身邊男人的言行來判斷他們的性格，以致判斷他們是否適合自己，就成了一種技巧。對於正陷在愛河中的女人們來說，掌握這樣的技巧也是極其重要的，它能在你迷茫、彷徨時幫助你做出正確的決定。

1. 約會時經常變化服飾的男人

俗話說「人靠衣裝」、「三分長相，七分打扮」，人的服裝有「第二個容顏」的功用。所以通過喜歡穿什麼樣的衣服，也可以了解這個人的性格特徵。女人天生愛打扮，所以經常變化自己的服飾和髮型，希望能引起對方的注意，贏得對方的好感。現在很多男士也很重視自己的衣著，經常變換自己的襯衫和領帶，也希望自己能給對方留下較好的印象。那麼在約會中經常變化服飾的男人，有著怎樣的性格和喜好呢？

有的男人在第一次約會時，爲了想吸引對方，都會穿上比平常華麗和昂貴的衣服，而且短時間內，在和你的每一次約會中，都會穿著不同的服裝，以此希望你能對他產生好感，希望任何時候都有著新鮮的感覺。這種類型的男人是對你有好感，並且渴望與你的關係能有進一步的發展和變化。

他們通常在與女性的交往較深且兩人的關係穩定後，就不會再刻意地裝扮自己，而逐漸以整潔大方的衣著為主。這樣的男人一般是值得信賴的男人，他們尊重對方，通過自己的衣服表明對對方的重視，而一旦關係穩定，他們又不願太張揚自己，就以比較舒適和大方的形象出現，這種舉動也表明了他對你已經很信賴，在你面前，他們很放鬆，和你在一起，他們很愉快。

還有一種男人，平時是個毫不在乎著裝和打扮的人，自從認識你以後，他突然講究起來，對服飾也在意起來。這說明他對你很有好感，心情很振奮，想博得你的青睞。此時的對方，就是一個愛上了你的男人，他們用自己的行動向你表示著自己的情感，所以如果你對對方也有好感，千萬不要錯過了呀！

2. 經常跟你電話聯繫的男人

電話因其方便快捷而成為人們之間最重要的交流工具，通過電話雖看不到對方的身影，但卻可以及時表達自己的情誼，所以電話也成了現代生活情侶間表達感情必不可少的手段。通過電話這種手段，對方看不到自己的表情，比較容易表達出自己對對方的感情。如果面對面交談，自己恐怕不敢表達愛意。所以經常通過電話向自己的女友表達愛意的男人，性格通常很靦腆、懦弱。他們在對方面前說不出來的話，通過電話反而能輕鬆地說出來。

如果你的男友以前並不經常跟你打電話，而最近卻天天跟你電話聯繫，甚至一天打好幾次。那麼對這種情況，你應該感到開心。這說明你的男友對你的愛意與日俱增，希望和你的關係更加親密，或者有進一步的發展。如果你對對方也有同樣的感覺，那麼就應該很愉快地回應，但如果他並不是你的「眞命天子」，一定要想辦法趕快把自己的心意告訴對方，別讓更大的誤會出現。

3. 走路經常拉著你手的男人

男人在眞正喜歡上一個女人時，都有著強烈的佔有欲，他們不希望自己以外的人碰一下自己的女友，即使有時是女性朋友，他們也會很反感。男人對自己喜歡的東西向來都有著很強的獨佔慾，他們一般不願把自己心愛的東西與別人分享。

走路喜歡拉著女友的手的男人，是率直而富有個性的人，他們很自然地表達自己的情誼，希望通過自己的舉動向對方表露自己的情誼。如果有的女性實在不喜歡這種舉動，不妨委婉地告訴他們，他們一般都會理解對方。還有一些男人，他們喜歡拉著女友的手，是由於他們對少年時母親的手的一種留戀，這種性格的男人有時有點孩子氣，還算不上一個眞正成熟有個性的人。那種有很強母性的女性，不妨試著與這種男人交往。

另外，走路時一定會拉著女友的手的男人，是一種體貼有保護女性的意味，因此喜歡拉你的手，代表他想保護你。

4. 約會時喜歡聽你安排的男人

很多女人不喜歡約會時聽自己安排的男人，認爲這樣的男人缺乏獨立性，優柔寡斷，不值得信賴。同時她們也認爲約會時讓女性做主，決定去什麼地方吃飯，或者有什麼樣的約會節目的男人，是沒有誠意和不負責任的人。女性對於這樣的男人一般都是很沒有好感，或不願與他們約會的。

雖然這種說法有些道理，但是女性朋友們也應該全面地觀察這些男人。如果一個男人平時做什麼事情都很有主見，也很有自己的想法，他們把自己的事情都處理得井井有條。但是這種男性在與你約會時，突然變得沒有了主見，喜歡問你的感受，那麼這種男人是對你很有好感，希望他做的任何事都能讓你開心。他因爲已經很在乎你了，所以一切事都願意以你的興趣愛好爲主。假如你也不討厭他，不妨與他多多接觸，因爲他可是一個很愛你的人，也是一個願意與你共度終生的人。

還有一種男人，他們平時就很容易跟著別人走，沒有自己的想法，意志不夠堅定。這種男人在約會時，一切都聽對方的安排。他們經常沒有明確的目標，不知道自己眞正尋求的是什麼，而且容易改變觀點，做事沒有原則，責任心也不是很強。如果你心目中的理想伴侶，不是這種男人，那麼你還是趁早離開他們爲好。如果你的個性很強，需要一個事事都聽你安排的男人，那麼，這種男人會是你最好的選擇。

5. 在想與你進一步親密時，徵求你意見的男人

大學時，一個朋友同我講述她的煩惱。她的男朋友在約會時，如果想有進一步的親密動作時，總是在事前詢問自己的女友，比如說：「我可以牽你的手嗎？」或者：「我可以吻你一下嗎？」開始這個朋友以爲這樣的行爲說明這個男人比較有禮貌，値得自己信賴。可是總是這樣，這個朋友就很煩惱，不明白其中的原因。

一般來說，女人都喜歡這樣的男人，感覺他們尊重自己，在乎自己的感受。而在現實生活中，許多年輕又不太有戀愛經驗的男人，他們總是很衝動，常常讓女性覺得不夠尊重自己。而事前徵詢女性意見的男性就讓人感覺很有修養，似乎比較理解女性的感受，而事實上，這種類型的男人只是做事比較認眞而已！

在行動之前向女性徵詢意見的男性，通常總是做事很認眞，很講究原則的人。他們做事規規矩矩，認眞仔細，一些很小的細節也會在意。這種類型的男人通常總是服裝整齊，他們的辦公用品總是擺放得整整齊齊，自己用過的東西也總是隨手放好。他們的衣櫥，家居用品更是整齊、有條理。這樣的男人乾淨整潔，很有女人緣。

如果你有「潔癖」，這種男人一定很適合你，他們絕不會亂放東西，給你造成不便。但如果你是個天性無拘無束的人，那麼他們可能不太適合你，因爲這種男人無法容忍別人的隨意和邋遢，在婚後，他們很可能因爲你鞋子沒有擺放整齊、毛巾沒有掛好的小事，而對你嘮叨個不停。

各種血型性格人的婚姻愛情觀

不同的血型有著不同的性格，不同性格的人對待愛情和婚姻，自然也有著不同的態度。人們在愛情世界裡生活，有的持久平靜，有的猛烈如火。平靜的愛情和婚姻生活如同一彎清澈的小溪，甘甜而又沁人心脾；熾熱的愛情與婚姻生活正像那熊熊的大火，讓人神魂顛倒，欲罷不能。

1. O型性格的愛情與婚姻

O型性格男人的愛情就如同那熾熱的大火，他們一旦投入愛河，就勢必愛得轟轟烈烈，地動山搖。這種性格的人往往具有進攻性、追求性的傾向。他們一般是愛情的發動者，一旦選擇了自己理想的戀愛對象，就會以大膽、直率的方式向對方表明自己的心意。O型性格的人活潑熱情，在他們身上，一見鍾情式的愛情比較常見。而同時這種人因爲其外向的性格特徵，極具語言表達力，知識淵博，幽默熱情，所以他們的戀愛一般較容易成功。O型性格的人在選擇對象時，比較在意的是對方的才能和突出的個性。他們對容貌的要求不是很嚴格，他們通常容易被有顯著個性的人所吸引。

O型性格的女性在戀愛中具有浪漫傾向，她們的行爲通常富有女性魅力，熱情、豐富的情感，讓她們顯得更加的嫵媚動人。所以O型的女性往往使她們的戀人爲自己傾心、對她們愛慕不已！

O型性格的人不太把戀愛和婚姻連在一起，在他們看來，戀愛的目的不一定是走向婚姻。他們對愛情瘋狂地投入，但這並不表明他們一定會與自己戀愛的對象走向婚姻。

對他們來說，戀愛與婚姻還有很長一段距離，不能等同視之。

O型性格的丈夫是一位好丈夫和好父親。他們總希望得到自己妻子和子女的最大信任，成爲他們最好的保護者。他們的生活能力很強，在家庭生活裡是妻子最得力的助手，而不是那種只會動口，不會動手的討厭型男人。同時這種性格的丈夫由於他們本身熱情的天性，他們總是很樂意幫助別人，在沉悶的家庭生活中，總是能給妻子和兒女帶來意想不到的驚喜。

O型性格的妻子婚後，可能會由以前浪漫可愛的少女變爲很現實經濟的家庭婦女。她們對自己的丈夫很關心，是丈夫的賢內助。她們熱情的個性使得她們對子女的事情很上心，是典型的「全能」母親。O型的妻子因其活潑的個性，使得她們都有著很好的人緣，家裡常常有客人拜訪。

2. A型性格的愛情和婚姻

A型的男人做事非常謹慎，但他們在感情上卻又十分的癡情。A型性格的人通常都有很好的自制能力，他們往往不善於表達自己的感情，即使在內心他們很愛對方，外表上也不易顯露出來。這種類型的男人自尊心很強，他們害怕被自己所愛的人所拒絕，因此他們寧願忍受感情的折磨，也不願向對方吐露自己的心聲。所以A型的男人有時會錯失良機，當機會過去了，他們才追悔莫及。在戀愛對象的選擇上，A型的人通常選擇那些心地善良，樂觀開朗，能理解、體諒自己的女性。

A型女性的魅力則在於她們的奉獻精神。A型的女性事事爲對方著想，爲了對方甘願放棄自己的一切。她們樂意滿足對方的要求和欲望。在她們看來，能使對方高興是自己最開心的事。這種類型的女性和O型女性不一樣，她們不善於用直接的言語或是行動來表達自己的感情，她們常常用體貼入微的照顧和默默關懷的方式表達自己的感情。

A型性格的人與O型性格的人的最大不同在於，前者總是把戀愛和婚姻連在一起，在他們看來，戀愛的最終目的就是婚姻，如果沒有什麼特殊的情況出現，他們一般願意和自己的戀人一起步入婚姻的殿堂。

A型的丈夫責任感最強，他們對自己的家庭非常重視，把家庭成員的幸福當作自己的幸福，盡忠盡責，爲了家庭可以犧牲自己的一切。他們在自己的家庭內部一般比較放鬆，在家人面前流露出的是眞正的自我。他們對於家務也願意花費心力。對於家庭的人際關係考慮得十分周全和細心。

A型的妻子多是賢妻良母，對丈夫和子女照顧得盡心竭力。她們通常把整個家庭都料理得井井有條，不需要自己的丈夫插手。但是她們一般不喜歡積蓄，對家庭的花費也不願太斤斤計較。A型妻子常常善於烹飪，能夠做出多種美味來。A型妻子要求自己丈夫絕對忠實於自己，她們不能原諒自己丈夫有半點的越軌行爲。

3. B型性格的愛情和婚姻

B型性格的男人一般很容易對自己身邊的女性，產生日久生情的傾向，所以他們的愛情常常是友誼式的延續。B型性格的男性選擇的戀愛對象，通常也是自己身邊的同學、同事。但是他們一旦投入愛情，卻往往表現得非常狂熱。一天不見對方，就會魂不守舍。在戀愛期間，他們常常變得很黏人，總是希望兩個人結伴去做什麼，這樣的性格容易讓對方厭煩，所以他們的愛情不會很順利。B型的男性在遭遇到失戀後，容易消沉，變得心灰意冷。

B型性格的女性往往熱情、奔放、豪爽。她們瀟灑的性格常常使男性很傾慕。同時B型的女性在戀愛中也很主動，她們積極地追求對方，因其爽朗、樂觀的個性常常使她們的追求容易成功。這種類型的女性天性比較富有幽默感，愛開玩笑，但是性情善良，不愛捉弄人。

B型性格的人在戀愛和婚姻的問題上，與O型的人很相似。他們也認爲戀愛與婚姻關係不大，戀愛的結果不一定就是婚姻。

B型的丈夫對家務事一般不願插手，他們把家庭的一切事都交給自己的妻子，他們尤其厭煩家庭間的人際關係，對婚喪禮儀等雜事更不能忍受。他們不喜歡做家務，但他們卻天生是個美食家，對於烹飪能無師自通。這種類型的男人對待自己的子女很寬容，常常與自己的孩子像朋友般地相處。

B型的妻子性格樂觀、爽朗，對丈夫的依賴性不太強，她們一般都能自得其樂。甚至到了晚年，也是很樂觀地對待眼前的一切。B型的妻子對待自己的孩子也比較寬容，不太喜歡插手自己孩子的事，容易養成對孩子放任的態度。

4. AB型性格的愛情與婚姻

AB型性格的男人與他人相處習慣於保持距離，所以在愛情方面，他們也不會與自己不熟識的人開始戀愛，他們喜歡從自己熟識的好朋友裡，選擇自己的戀愛對象。AB型的男性通常不會主動地追求女性，他們表達感情的方式也很含蓄，不喜歡直接的表達。AB型的男人常常容易被外貌姣好、氣質優雅的女性所吸引。

AB型的女性溫柔可愛、情緒善變。她們有時很天眞，有時又會有驚人之舉。而正是這種多彩的個性常常吸引異性的目光。AB型的女性喜歡剛強、健壯的男性。

AB型性格的人對待婚姻很認眞，他們甚至很懼怕婚姻。所以在是否結婚的問題上，他們常常舉棋不定。

AB型的丈夫很重視自己的家庭，對整個家庭的事務也比較關心，是妻子很得力的幫手。他們通常生活能力很強，對整個家庭的活動也安排得井井有條。AB型的男性對自己的子女要求比較嚴格。他們一般很好客，但卻對繁文縟節感到厭惡。

AB型的妻子對物質生活要求不高，但是她們很在意整個家庭的佈置和情調，她們往往熱心於家居的裝飾和色彩的搭配。她們對丈夫很關心，不會因爲丈夫的成功失敗而改變對丈夫的心意。AB型的妻子對子女的要求也很嚴格，但她們對孩子的關心和愛護，則是非常細心和周到的。

第五章

好性格，能成功

成功格言——我是最棒的

成功的人做別人不願做的事，做別人敢做的事，做別人做不到的事。

私底下的每一分的努力，都會在公衆面前表現出來。

不是不可能，只是還沒有找到方法。

沒有失敗，只有暫時沒有成功。

我是最棒的，我一定會成功。

過去不等於未來。

成功是因爲態度。

人人都能成功。

我要我就可以做到。

有志者事竟成。

人不瘋不成功。

我是一切的根源。
成功＝知識＋人脈。
每天進步一點點。
一室不掃何以掃天地。
成功一定有方法，失敗一定有原因。
成功的人找方法，失敗的人找藉口。
成功跟藉口是不會在同一個屋簷下的。
沒有得到我想要的，我即將得到更好的。
並非神仙才能燒瓷器，有志的人可學精手藝。
要成功就沒有藉口，要藉口就不可能會成功。

問問自己：你想成功嗎

發揮性格優勢、走向成功之前，不妨先來想一想下面的問題，會大有裨益的。

(1)如果你有一些不良性格，是聽之任之呢？還是想辦法克服它？

(2)不良性格對人有什麼影響？

(3)西方有句名言：性格即命運。人的性格是一個複雜的矛盾體，也是一把「雙刃劍」。從某種意義上說，性格是一種力量，更是一種資產。只要能揚長避短，選擇最適合自己性格特長發揮的方面，你就會發現一個嶄新的自我。

有位如日中天的歌星，在接受記者的採訪時說了一句意味深長的話——「在別人眼裡我是一個固執的人，但我說那是我性格的一方面——執著。」此時的你心中是否有一絲感覺，請你重新把你的性格各方面寫下來（包括你認爲好的和不好的方面），重新思索之後，將你的新體會寫下來。

(4)爲什麼說心胸狹隘的人既容易失敗，又與創富無緣？你的胸懷怎麼樣呢？

(5)請你設計一個豁達樂觀、心胸寬廣的自我，並用詳細的語言描述出來。

(6)你是否認爲只有外向性格的人才能搞好人際關係？

(7)如果你性格內向，你是否非常討厭它？

(8)性格外向與成功是否有必然的關係？談談你的看法。

(9)通過此單元的訓練，你感受最深的是什麼？

⑽找出自己性格最欠缺的方面，然後再找出彌補這些的最佳方法。
⑾你是否具有吸引人的個性？如果沒有，你最缺乏什麼？
⑿為什麼有些人總愛因一些小事而放不下心來？

人人都能成功

每個人都希望自己是一個成功者。誰願寄人籬下？誰願總是受人擺佈？誰願平庸地度過一生？恐怕沒有吧！

每個人都希望自己是一個成功者。成功意味著贏得尊敬，成功意味著勝利，成功意味著最大限度地實現自我價值。

1. 成功對任何人都是平等的

成功不是有錢人的專利，成功不是有文憑者的專利，成功也不是高官子女們的專利。只要你有強烈的成功意識，只要你態度積極、堅忍不拔，只要你信心十足，有崇高而堅定的信念，只要你能夠發揮你的性格優勢，即使你是一個小人物，你也能成功。成功並不偏愛某一特殊人群，成功對任何人都是平等的。

1．沒有文憑者也能成功

約翰・梅傑被稱爲英國的「平民首相」。這位筆鋒犀利的政治家是白手起家的一個典型。他是一位雜技師的兒子，16歲時就離開了學校。他曾因算術不及格未能當上公共汽車售票員，飽嘗了失業之苦。但這並沒有壓垮年輕的梅傑，這位能力十足、具有堅強信心的小夥子，終於靠自己的努力擺脫了困境。經過外交大臣、財政大臣等8個政府職務的鍛鍊，他終於當上了首相。有趣的是，他也是英國唯一領取過失業救濟金的首相。

你是高中生嗎？你是五專生嗎？也許你認爲自己文憑太低而消沉，哀歎生不逢時，這輩子算完了，就這麼過吧！不，你錯了！要知道大學生是人，你也是人，他有一個大腦，你也有一個大腦，只要你意志不倒，只要你不善罷甘休，你也會成功。

看看那些著名的作家們，看看那些著名的歌唱家們，看看那些體育冠軍們，有幾個是科班出身，他們的成功是他們自身奮鬥的結果。

比爾・蓋茨不願繼續讀完他的大學，他要幹自己感興趣的事。他成功了，他成了世界的首富。當你打開電腦，當你感受到視窗作業系統帶給你無窮的樂趣時，你知道嗎？

比爾・蓋茨是一個其貌不揚的沒讀完大學的人，但他是一個成功者。

高爾基說得好，社會是一所大學。當你融於社會，當你積極思考這個社會，當你爲自己在這個社會找到座標後，你就有成功的可能。

毛澤東沒有讀軍事院校，在他生活的那個年代，又有哪個軍事家勝得過他？沒有，一個也沒有！

2・下崗職工也能成功

下崗並不表示人沒本事，而是他的才能沒有得到發揮。下崗恰是人生的一次機遇，很多下崗職工，通過努力和奮鬥，又重新找回自我。《成功》雜誌曾登載了從赤貧到千萬富姐的熱水器大王何青的事蹟，她就是這樣一位佼佼者。

八年前，她還是一個連生計問題都解決不了的下崗女職工。因爲繳不出房租，衣服、被子被房東扔出了門外。貧窮讓她思變，她和下崗的丈夫一道發明搞專利，把專利轉化爲商品，希望實現創富人生。

八年後，她成了名震長沙的「熱水器大王」，夫妻倆不僅發明了30多項專利，還把專利做成了一份事業，自己也成了全國有名的女企業家，創造了一個從赤貧到千萬富姐的奇蹟。

3・成功與人的身分和性別沒有關係

成功與人的觀念、心理因素以及才能有緊密聯繫。普通女性能成功，農民能成功，殘疾人也能成功。大家都聽說過殘疾人張海迪的事蹟。她身殘志堅，不屈於命運，通過努力終於成爲一個有利於社會、有利於人民的人。

張海迪曾動過三次大手術，摘除了6塊椎板，嚴重高位截癱，自第二胸椎以下全部失去知覺。一九七〇年隨父母下放至西北農村，由於當地農村缺醫少藥，農民常受病魔的折磨，爲了緩解百姓的痛苦，張海迪自學了針灸，爲百姓帶去福音。

一九七三年隨父母遷到莘縣後，張海迪曾有一段時間待業在家。她閱讀了大量的醫學專著，積累了豐富的經驗，免費爲病人診治疾病。同時，她閱讀了大量的中外名著，並自學了外語，爲以後文學翻譯和創作打下了堅實的基礎。

多年以來，張海迪以保爾・柯察金的英雄形象鼓舞自己，用驚人的毅力忍受著常人難以想像的痛苦，同病殘作頑強的鬥爭，同時勤奮地學習，忘我地工作。她自修了小學、中學的主要課程，自學了英語、日語、德語和世界語，翻譯了近20萬字的外文著作和資料。她還自學醫藥知識和針灸技術，爲群衆治病達1萬多人次，治好了許多疑難病症，被群衆譽爲「新雷鋒」，被團中央評爲「優秀共青團員」。一九九二年獲中國作家協會莊重文學獎，一九九四年獲全國奮發文明進步圖書獎長篇小說一等獎。一九九三年張海迪獲吉林大學哲學碩士學位。

2. 三百六十行，行行出狀元

成功的路千萬條，就看你選擇哪一條了。成功對每個人都是公平的，成功並不完全是大學生、科學家、有錢人、有勢人的專利，它屬於每一個人，當個體能成功，當小學老師能成功，當一名售票員也能成功。

我們每個人都是一座金礦，每個人都有無比巨大的潛能，而一切挖掘金礦和潛能者就是自己。人生的命運就掌握在自己的手中，人生成功與否由自己決定。如果明白了這個道理，就不會因爲自己是一個窮人、是一個下層人物而怨天尤人，牢騷滿腹和憤憤不平，就不會受自卑困擾，懶得行動而坐以待斃。下定決心，奮鬥，拼搏，勇往直前，成功就屬於你。

3. 發揮性格優勢，克服弱點，走向成功

每個人性格中都有優點和缺點，關鍵是這樣一個簡單易懂的道理：你平日裡喜歡強

調的是你的優點還是缺點？要生存下去，你靠的是什麼？如果整天抓著弱點不放，那麼你將會越來越弱；如果強調你的優勢，就會越來越自信和成功。

要學會接受自己。要注意不要把自我想像的缺陷當成眞的缺陷。多數有自卑性格的人總是把注意力放到自己身上，喜歡放大自己的缺點，習慣於把自己放到別人的腳下。

很多人把自己性格上的弱點當成自己不能成功、使自己欣慰的藉口，拒絕跳出自己編織的網，也就永遠走不出失敗的沼澤。要知道，我們每個人都能成功，都能快樂和幸福。但是你必須學會突出自己的優勢，學會將普遍意義上的缺點變成優點，加上自己的努力和智慧，成功就在你眼前。

一切掌握在你手中

性格決定命運，性格就是命運，一切掌握在你自己手中。

1. 要有成功的膽量

人人都渴望獲得成功，每個人都在探求成功的祕密。其實，成功的祕訣非常簡單，就像《天地一沙鷗》裡老海鷗所說的那樣：「偉大的成功祕訣，首先就在於去掉自以爲是被封在只有有限能力的軀體內的可憐想法。」

越是自認爲低能的人，不管自己眞正的素質怎麼樣，都要慢慢變成眞正的低能兒、一事無成的失敗者。要想成就什麼東西，就必須先敢那樣去想。也就是說，人們的思想意識和心態制約著人們的行爲。

庫爾特．理克是約翰霍普金斯大學的一名博士，他曾經做過一個實驗。有兩隻小老鼠，把其中一隻用適當的力氣攥在手裡，使牠用盡力氣也逃不出去。掙扎一段時間之後，這隻老鼠不再抵抗，乖乖地待在手心裡。過一會兒將牠放進水裡，牠很快就會沉下水底，溺死了，似乎根本就沒有逃生的意識。而將另一隻老鼠直接放進水裡，牠會很快游到安全的地方。

可以得出結論：第一隻老鼠在遭遇一次失敗後，便再也沒有了抗爭的意識或想法，任從擺佈，死亡是必然的。而另外一隻老鼠抗爭意識還不曾泯滅，所以牠成功了。

有人曾對許多的成功人士，包括奧運會金牌得主、企業大亨、政界大腕、影視明星等等，甚至還有走向太空的人，做過多年的調查研究，並得出結論：成功的關鍵是要有成功的膽量，敢想敢做是成功的第一步。

研究者還指出，在成功者和其他人之間有一條明顯的界線，不妨稱其為成功的邊緣。這個邊緣不是特殊環境或是智商差異的結果，也並非教育優劣或天賦有無的產物，也不是靠什麼天時地利來成就。跨越邊緣的關鍵是敢想敢做的態度。

自己瞧不起自己，覺得自己能力不行，運氣不佳，沒有走向成功的膽量和意識，不但會失去開發自己潛能的欲望，還會抵消自己的精力，降低適應環境的能力，因而成功的光環也永遠不會籠罩在你的頭上。

2. 克服心理障礙，培養堅強性格

可能很多人並不熟悉約拿，也不知道「約拿的失敗」。約拿是《聖經》中的一個人物，上帝給他機會去成就自己和別人，可他卻退縮了。心理軟弱的障礙使他甘居人後，迴避成功，喪失了可得的榮耀與光環。

我們每一個人都有成功的潛能，可並不是所有人都能夠充分地開發這個潛能。心理障礙是阻礙我們走向成功的一大頑疾。

心理障礙包括意識障礙、情感障礙、意志障礙和性格障礙等。

由於人腦歪曲地反映了外在的現實世界，從而使人腦自身的認知能力發生歪曲或減弱，阻礙了人們對客觀事物的正確認識，影響了各方面的成功，這種狀況可稱之爲意識障礙。意識障礙包括自卑、自閉、厭倦、習慣型、志向模糊型、價值觀念歪曲型等多種類型。

人們在確定目標、執行決定、實現目標的過程中，起阻礙作用的各種不專注、不持久、自制性差等，不正常的意志心理狀態，即爲意志障礙。意志障礙可分爲「意志暗示性」心理障礙，和「意志脆弱性」心理障礙。

情感障礙，是指大家在自我成長和能力開發過程中，對客觀事物所持態度方面的錯誤的內心體驗。情感麻木是主要表現，其產生主要是由於長期遇到各種困難，受到各種打擊，自己不能正確對待和加以克服，以至於對外界客觀事物的內心反應門檻增高，心理態勢內向封閉。發生情感障礙的人會喪失對外界交往的生活熱情，放棄對成功事業的強烈追求。

性格障礙，是指人們在自我開發過程中表現出來的氣質障礙，比如多血質的人缺乏毅力；抑鬱質的人孤僻怪異、不善於交際；黏液質的人優柔寡斷、缺少魄力；膽汁質的人辦事魯莽、武斷等等。

有些人成就不大不在於智力不行，而在於沒有克服自己心理上的障礙。只有不斷地向自己挑戰，下決心克服上述種種心理及性格缺陷，才能在各方面取得成功。

3. 不要讓情緒控制你

日出日落，月圓月缺，雁來雁去，花開花謝。自然萬物都在循環往復變化中，你也不例外。情緒會時好時壞，你心中像有一個輪子不停地轉著。由樂而悲，由悲而喜，由喜而憂，這就好比花兒的變化。今天你要學會控制情緒，你要學會這個千古的祕訣：弱者任思緒控制行爲，強者讓行爲控制思緒。

沮喪時，你要引吭高歌；

悲傷時，你要開懷大笑；

悲痛時，你要更加振作；

恐懼時，你要勇往直前；

自卑時，你要換上新裝；

窮困潦倒時，你要想像未來的富有；
力不從心時，你要回想過去的成功；
自輕自賤時，你要想想自己的目標；
縱情享樂時，你要記著挨餓的日子；
揚揚得意時，你要想想競爭的對手；
腰纏萬貫時，你要想想人間的弱勢；
不可一世時，你要抬頭看一看群星。
只有積極主動地控制自己的情緒，才能掌握自己的命運。

4. 做事要專心

你在人群中穿梭，流失了花樣年華；你在彩虹下遊弋，錯過了許多季節；你不停地左顧右盼，終尋不見她的倩影。多年以來，你的生活好像竹籃打水一場空。生活，幸福，財富，你仍然希望有一天可以擁有它們。猶豫不決的人，最終不會做成任何一件事情。能夠在這個世界上獨領風騷的人，必定是專心致志於某一件事的人。

偉大的人從不把精力浪費在自己不擅長的領域中，也不愚蠢地分散自己的專長。與其事事平平，不如一事精通，這是一種規律，注意力不集中的人不會成功，成功也不會光顧那些分散注意力的人。一個人精通一件事，哪怕是一項微不足道的技藝，只要他做得比所有人都好，那麼也能獲得豐厚的回報。

要樹立自己高遠的目標，但你必須知道千里之行，始於足下。你只要一心一意向著一個目標穩步前進，百折不撓，一定不會失敗。這就好比用玻璃聚集起太陽的光束，即使在最寒冷的冬天，也可以燃起火來。最弱小的人，只要集中力量於一點，也能得到好的結果，相反，再強大的人，如果把力量分散在許多方面，那麼也會一事無成。

5. 一定要挺起胸膛

你或許曾經傻傻地站在路邊，看著成功的人昂首闊步，富有的人闊步而行，心裡生出許多渴慕。你不止一遍地想過，是否這些人具備一些我所沒有的天賦，比如說，獨特的技能，罕見的才智，無畏的勇氣，持久的抱負，以及其他一些出眾之處。不，上帝從不偏心，我們是用同樣的黏土捏成的。

今天，你要知道，並非只有你的生活才充滿悲傷與挫折。即使最聰明、最成功的人也同樣會遭受一連串的打擊與失敗。這些人和你的不同之處僅僅在於，他們深深知道，沒有紛亂就沒有平靜，沒有緊張就沒有輕鬆，沒有悲傷就沒有歡樂，沒有奮鬥就沒有勝利，生存是要付出代價的。

或許起初你還是心甘情願，毫不遲疑地付出這種代價，但是接二連三的失望與打擊，像滴水穿石一樣，侵蝕著你的信心，摧毀了你的勇氣。

現在，你要把這所有的一切都置之度外。你要明白，耐心與時間甚至比力量與激情更重要，年復一年的挫折終將迎來收穫的季節。所有已經完成的或者將要進行的，都少不了那孜孜不倦、鍥而不舍、堅忍不拔的拼搏過程。這種過程是一點一滴的積累，步步爲營的拓展，循序漸進的成功。

太陽並非時刻普照著大地，葡萄成熟之前也有青澀的時候。一個人，從出生到死亡，始終離不開受苦。寶石不經磨礪就不能發光，沒有磨鍊，你也不會完美。在以後的日子裡，無論你嘗試多少次，無論你在選定的事業中多麼堅忍不拔，表現出色，無論你還將付出多麼大的代價，挫折與失敗還會日復一日、年復一年地如影隨形。

我們每個人，即使是最剛毅最具有英雄氣概的人，一生中的大部分時間都是在失敗的恐懼中度過的。在每一次的困境中，你一定要尋找成功的萌芽。

逆境是一所最好的學校，每一次的失敗，每一次的打擊，每一次損失，都孕育著成功的萌芽。這一切都教會你在下一次的表現中更爲出色。無論何時，當你被可怕的失敗擊倒，在第一次的陣痛過去後，你要想方設法將苦難變成好事。偉大的機遇就在這一刻閃現……這枯澀的根必將迎來滿園芬芳。記住，當你的靈魂受到煎熬的時候，也是你生命中最多選擇與機會的時刻。

6. 立刻行動，抓住機遇

假如幻想止於幻想，幻想毫無價值，計畫渺如塵埃，一切的一切都毫無意義，除非付出行動。你現在就付出行動，不要再拖延，不要再猶豫，不要再裹足不前。行動而失敗也總比坐而待斃好。行動也許不會結出快樂的果實，但是沒有行動，所有的果實都無法收穫。你的每一次行動，哪怕是非常之藐小，都使你在成功的路上邁出一步，都會縮小你與成功之間的距離，使你更有可能接近成功。

立刻行動，立刻行動，立刻行動，你要牢牢記住，每時每刻，一遍又一遍地重複這句話，你就像雄獅，像蒼鷹，饑即食，渴即飲，在行動中找到你眞正的價值。

機遇之神出現時，從不佩戴財富、成功或者榮譽的標誌，你做每一件事情，都要竭盡全力，否則最好的機會就會無聲無息地從你身邊溜走。看似平常的某一天的黎明，也許你就面臨著成功的機緣，面對任何難題，無論它看上去多麼困難，多麼卑賤，你唯有勇氣和毅力，才能在機會來臨時抓住他們。

過去的你，或許每天對工作抱怨不已，每見到一個人就向他喋喋不休地訴苦，今天的你，要抬起頭來，眼望前方，像餓獅覓食一樣迫切地尋找機會。機遇無所不在，你必須常常懸鉤以待，否則在你最不經意的時候，大魚便溜走了。

7. 不要拒絕別人的力量

不管是誰，只依靠自己是不能獲得成功的，成功者都善於借助他人的力量。沒有他人的幫助，你很難達到目標。可是別人會助你成功麼？當你皺眉時，回報也一定是蹙額；當你憤怒地大喊時，憤怒之聲回應著你，當你詛咒時，憎恨的目光必定回視著你，你使自己生活在一個沒有微笑的世界上，你一直責怪別人與你爲難，事實上，問題是出在你自己身上。

微笑，無論是對朋友還是敵人，並努力發現他們身上值得讚美的地方。人類出於天性深深地嚮往著讚美。你讚美敵人，敵人於是成爲朋友，你鼓勵朋友，朋友於是成爲手足。你要常想理由讚美別人，絕不搬弄是非。想要批評人時，咬住舌頭，想要讚美人時，高聲表達。你要愛每個人的言談舉止，因爲每人都有値得欽佩的性格，雖然有時不易發現。

從今往後，你要愛所有的人，仇恨將從你的血管裡流走。你沒有時間去恨，你只有時間去愛。讚美與愛心能使你成功。同時，你要能體察別人的情緒波動，學會寬容。

8. 一定要堅持不懈

你不是爲失敗才來到這個世界上的，你的血管裡也沒有失敗的血液在流動。你是猛獅，不要聽失意者的哭泣，抱怨者的牢騷，這是羊群中的瘟疫，你不能被它傳染。

堅持不懈，直到成功。你要牢牢記住這個古老的平衡法則，鼓勵自己堅持下去，因爲每一次的失敗都會增加下一次成功的機會。這一次的拒絕就是下一次的贊同，這一次皺起的眉頭就是下一次舒展的笑容。今天的不幸，往往預示著明天的好運。你要嘗試，嘗試，再嘗試，像水手一樣，乘風破浪。

堅持不懈，直到成功，你要借鑑這個別人成功的祕訣，抵禦生活中的各種誘惑，只要一息尚存，就要堅持到底，因爲這就是成功的祕訣，堅持不懈，最終成功。

9. 學會反省

如果你每天都找出所犯的錯誤和壞習慣，那麼你身上最糟糕的缺點就會慢慢減少，這種自省後的睡眠，將是多麼愜意。

你應該常常地問自己：

今天發現了什麼弱點？

對抗了什麼感情？

抵禦了什麼誘惑？

獲得了什麼美德？

晚上，在熄燈之前，回想這一天每時每刻的言行，你不要允許任何東西逃過你的反省。也許你在某一次的爭論中措詞過於尖刻，也許因爲你的觀點刺耳，所以不被接受。雖說有理，可是要知道眞理也不是隨時發言的。

你應該管住自己的舌頭，不與白癡爭論。

你是否每晚反省今天的行爲？

你是否曾顧影自憐？

你是否對每一個人和藹可親？
你是否對機會保持警覺？
你是否在每個問題中尋找好的一面？
你集中精力於目標了麼？
你以微笑面對憤怒和仇恨麼？
你是否嘗試走得更遠一些？
明天的成就將超過今天的作爲。改進永遠來自於檢查與反省。每個人都應該一天比一天更明智。

10. 集大成者

最後的祕訣也是最重要的，最難做到的。那就是：把前九個祕訣刻在腦海裡，永不忘記，並且按照其中所講的嚴格要求自己，時時反省自己，長期堅持，把他們融入你的個人習慣，化爲你的內在性格，成功是屬於你的。

《全書終》

國家圖書館出版品預行編目資料

性格改變命運，朱慶文　著，　初版，
新北市，新視野 New Vision，2024.04
面；　公分 --
ISBN 978-626-98223-1-7（平裝）
1.CST：性格 2.CST：修身 3.CST：成功法

173.761　　113001072

性格改變命運
朱慶文　著

出　　版　新視野 New Vision
製　　作　新潮社文化事業有限公司
電話 02-8666-5711
傳真 02-8666-5833
E-mail：service@xcsbook.com.tw

印前作業　東豪印刷事業有限公司
印刷作業　福霖印刷企業有限公司

總 經 銷　聯合發行股份有限公司
新北市新店區寶橋路 235 巷 6 弄 6 號 2F
電話 02-2917-8022
傳真 02-2915-6275

初　　版　2024 年06月